古典文獻研究輯刊

二九編

潘美月・杜潔祥 主編

第 22 冊

「大學國文」科課程研究（1898～1983）（上）

楊鍾基 著

國家圖書館出版品預行編目資料

「大學國文」科課程研究（1898～1983）（上）／楊鍾基 著—
初版—新北市：花木蘭文化事業有限公司，2019〔民108〕
序 8+ 目 4+166 面；19×26 公分
（古典文獻研究輯刊 二九編；第 22 冊）
ISBN 978-986-485-961-0（精裝）
1. 國文科 2. 語文教學 3. 課程研究 4. 高等教育
011.08   108012007

ISBN-978-986-485-961-0

9 789864 859610

古典文獻研究輯刊
二九編　第二二冊　　　　　　ISBN：978-986-485-961-0

「大學國文」科課程研究（1898～1983）（上）

作　　者　楊鍾基
主　　編　潘美月　杜潔祥
總 編 輯　杜潔祥
副總編輯　楊嘉樂
編　　輯　許郁翎、王筑、張雅淋　美術編輯　陳逸婷
出　　版　花木蘭文化事業有限公司
發 行 人　高小娟
聯絡地址　235 新北市中和區中安街七二號十三樓
　　　　　電話：02-2923-1455／傳真：02-2923-1452
網　　址　http://www.huamulan.tw 信箱 hml810518@gmail.com
印　　刷　普羅文化出版廣告事業
初　　版　2019 年 9 月
全書字數　150490 字
定　　價　二九編 29 冊（精裝）新台幣 58,000 元

「大學國文」科課程研究（1898～1983）（上）

楊鍾基　著

作者簡介

楊鍾基，一九四三年十二月生於香港。學歷：一九六七年畢業於香港中文大學，獲榮譽文學士。一九七二年日本京都大學文學部博士課程畢業。職歷：一九七三年至二〇一四年任教於香港中文大學中國語言及文學系，先後任副講師、講師、教授。行政職務及校外服務舉要：聯合書院通識教育主任、語文自學中心中文部主任、香港考試局中國語文科科目委員會及考試委員會主席。學術著作：《詩集傳輯校》等三十餘種。

提　　要

　　筆者這份《大學國文科課程研究》書稿，是一九八三年的一項課題結項報告，從寫作時間上看，是中國大學語文百年第一種專題著作，當時未及出版，現經「全國大學語文研究會」同仁推薦，認爲有出版價值。書稿分正文與附錄兩大部分，正文又分三章：第一章「大學國文科的歷史沿革」，從清朝末年起，述及「一九一二至一九三六年」「一九三七年至一九四九年」「一九四九年至現在」等幾個歷史階段大學國文學科的發展過程。第二章「大學國文科教材」，詳細介紹了有代表性的三十六種大學國文教材，並略加點評。第三章「大學國文科課程檢討」，研究了設置本科的意義、教學目標、課程設計等重要問題。書稿又有三種附錄，所附資料既是筆者撰寫書稿之所本，亦可爲讀者及後來研究者提供方便。書後附《大學國文課程百年變遷與新世紀的挑戰》一文，雖是後來的寫作，卻正是前期書稿研究的拓展性成果。

上海文化發展基金會
2018 年度第二期資助項

序　一

譚　帆

　　中國的大學語文課程是一個整體，開設學校包括大陸高校，也包括港澳臺高校。在大學語文理論研究方面，港澳臺至今沒有一種專著，所以香港中文大學楊鍾基教授的《大學國文科課程研究》書稿有一種拾遺補缺的價值。書稿是在 1983 年完成的，其時香港尚未回歸，在一個殖民地性質的區域，而有和大陸共同的研究，這說明大學語文作爲中華母語教育具有強大的凝聚力。該書稿還是在參加了『全國大學語文研究會』首屆年會（南京 1982）之後有感而著的，更是我們『全國大學語文研究會』的一份珍貴的歷史資料。特此推薦。

全國大學語文研究會會長　譚帆

序 二

何二元

　　中國的大學語文課雖然已有一百多年歷史，但是學科理論研究滯後，直至 2007 年才有第一種專著，其後以一年一種的速度緩慢遞增，至今也才有十幾種。然而，在 2017 年年底，我有了新的發現，我在方克立等主編的《中華文化與二十一世紀》（下卷）一書中，讀到香港中文大學楊鍾基教授的《大學國文課程百年變遷與新世紀的挑戰》一文，其中提到：「筆者曾在 1983 年制定研究計劃，考究大學國文科的歷史沿革及在中國大陸、臺灣和香港的實施情況，並搜集民國以來的大學國文教科書，加以敘錄及評論，撰成 12 萬字的研究報告。」這則信息一下子就吸引住我，假如這篇報告已經出版，那才是百年大學語文第一種專著，而且把已知第一種專著的時間整整提前了二十四年。我開始託人查尋，香港浸會大學珠海學院的王琴，正在澳門大學學習的劉文菊等人都幫我託人輾轉查尋，甚至已經在香港中文大學圖書館查到了該書的索書號，但是架上無書，管理員也說不清原因。中文大學中文系何志華主任得知此事，乃轉告早已退休的楊鍾基教授，此時已是 2018 年，在 2 月 12 日晚我收到了楊教授的第一封電郵：

二元教授賜鑒：

　　承何志華主任轉來閣下大函，拙作研究報告幸蒙垂注，不勝感銘。查該份三十餘年前之研究報告當時並未付梓，僅有手寫原稿及影印本各一。影印本存於圖書館，手寫本則輾轉借供講授大學國文之同事參考，印象中最後似存於中文系資料室。退休後多次遷居，藏書多寄於倉庫，印象中庫中並無此份報告，則相信已為佚籍矣。回思當日作此研究之時，所據兩岸三地之原始

資料，遠不及今日之完備，而大學國文課程在本人退休前後屢有重大變革，而大學國文教育史，實有全面研究之價值。若有來者從事於此，則當日草創蕪篇，散佚絕不足惜。知關錦注，耑此奉聞，並頌研祺

楊鍾基敬覆

　　讀罷茫然，遺憾如此重要的資料竟成「佚籍」。我從退休以後即專心研究大學語文，尤其是大學語文百年史料，多次為史料難尋或佚失感到惋惜，譬如在張瑋瑛王百強等主編的《燕京大學史稿》中看到燕大國文系 1936 年曾出版兩期《大學語文》月刊，卻查無所獲；又譬如現在大家論文論著中都輾轉引證的那份「教育部大學語文教學大綱徵求意見稿」，竟然也是「確有其事，查無實證」。此次楊教授的書稿，想必也是如此了。

　　不料僅隔一天，忽然又收到楊教授的第二封電郵：

二元教授賜鑒：

　　前日奉覆大函，其後昔年學生黃念欣教授偶檢大學圖書館目錄，竟然重見此報告。立即託其制作 pdf 圖檔，謹隨本函奉上。少作佚而復睹，更蒙方家垂顧，實乃望外之喜。懇請不吝斧正，以匡不逮。耑此敬頌年禧。

楊鍾基謹啓

　　電郵並附清晰的電子影印版，這真是柳暗花明，喜悅的心情難以言表，這天是 2 月 14 日，舊曆 2017 年除夕的前一天，我自然而然地想起了美國作家歐‧亨利的那篇《麥琪的禮物》，儘管這只是中國的新年，這個比喻未免不倫不類，但是我想不出別的更好的比喻來說明此時的心情。其後幾天裏，我都沉浸在捧讀這份書稿的喜悅中，越來越感覺到，這對於大學語文研究工作來說，確實是一份最最寶貴的禮物。

　　楊鍾基，香港中文大學文學系教授，曾任中文系語文科教學委員會主席、香港考試局中國語文科科目委員會及考試委員會主席、香港考試局中國語文及文化科科目委員會及考試委員會主席等職，1982 年，他和中大兩位同行一起來到南京參加「全國大學語文教學研究會」首屆年會，提交了《香港中文大學「大一國文」科教材檢討及小組導修簡介》論文，回去後，即著手撰寫此份報告，並在 1983 年完成書稿。或許作者自己也沒有意識到這部書稿的價

值，才會以手稿的形式擱置至今。如果不是他後來收入《中華文化與二十一世紀》書中的那一篇《大學國文課程百年變遷與新世紀的挑戰》偶而提及，恐怕再也無人知道還有這樣一部書稿存在。那麼，這部書稿究竟有什麼樣的價值呢？筆者試從以下幾點加以說明。

第一，中國大學語文百年，很長時間裏一直沒有產生理論專著。本來八十年前（1938 年）葉聖陶先生差點寫成第一部大學語文專著，當時是抗戰時期，葉老應聘遷址四川樂山的武漢大學教大一國文，他躊躇滿志，給夏丏尊寫信說：「弟現在不只作初中國文教師，且作大學國文教師，……若教了一年半載，實際經驗一定不少，……可以編一部國文教學法的講義矣。」〔註1〕然而葉老在武大受一些守舊派的排擠，沒到一年，就離開了這所學校，大學國文教學法講義云云自然也就不再提起。從此整個民國時期再也無人問津。歷史又過了整整四十五年，才有楊鍾基先生的這部書稿，可惜完成之後沒有出版，真所謂束之高閣藏之名山了。歷史又過了二十四年，大陸高校才正式出版了第一種大學語文研究專著。〔註2〕從這三個歷史節點看，大學語文研究專著從計劃撰寫而未果，到完成撰寫而未出版，到終於能夠出版，倒也符合學術研究從無到有的規律，只是這歷史的跨度實在太大，令人不能不珍視其中每一跨步的歷史價值。

第二，該書稿寫作時間是 1983 年，其時香港尚未回歸，還是一個殖民地性質的地區，這說明作為中華母語高等教育的大學國文（內地叫「大學語文」），具有強大的凝聚力和穿透力，這是一種語文回歸和文化回歸，推動了香港地區的主權回歸。這也鼓舞我們，對於目前尚未統一的臺灣地區，只要我們民族共同的母語教育還在，還開設著相同的大學國文（大學語文）課程，就一定能成為國家統一的推動力量。這也是這部書稿在學術之外的重大政治價值。

第三，該書稿填補了大學語文教育史上的一段空白。大學語文在民國年間是高校一門公共必修課，1949 年後中國大陸高校漸次停開了這門課，直至70 年代末 80 年代初才在匡亞明、徐中玉等人的呼籲倡導下重新開設，因此人們常說 1949 年至 1979 年這三十年是大學語文的空白期。但是這個說法是不準確的，從兩岸三地一個中國的立場看問題，大學語文一百多年來從未有

〔註1〕《葉聖陶集》第 24 卷（第二版），江蘇教育出版社 2004，第 132 頁。
〔註2〕彭書雄《大學語文教育改革的理論與實踐》，武漢：崇文書局 2007 年版。

過間斷，楊教授的書稿就證明了這一點。書稿詳細介紹了三十六種大學語文教材，其中有十九種就是 1954 年至 1980 年間的港臺高校教材，這就用事實材料填補了大學語文教育史上的這段所謂的空白。

第四，該書稿寫作態度非常嚴謹，收集資料極其詳盡。作者敘述收集資料的過程說：「曾經親訪或託人查閱之圖書館計有：北京圖書館、北京大學圖書館、南京大學圖書館、中山大學圖書館、臺灣大學圖書館、臺灣師範大學圖書館、臺灣政治大學圖書館、哈佛燕京圖書館、史丹福大學圖書館、加州伯克萊大學圖書館、香港大學圖書館及香港中文大學圖書館。」書稿對收集到的資料又做了大量細緻的研究整理工作，書後的三個附錄構成全書重要組成部分，其中「附錄一大學國文科研究論文目錄」和「附錄二本書參考書目」，為後續研究者提供了重要的研究資料線索，尤其是港臺方面的研究資料線索。「附錄三大學國文課本選文索引」則更是一項龐大的工程，將三十多種教材中的一千六百多篇選文按照歷史年代和作者進行編排，分別標注出某一篇目曾由某幾種教材選用，這可以成為後來者編寫教材和撰寫論文的重要參考資料，假如不能正式出版，實在是太可惜了。

第五，書稿具有縱向與橫向的宏觀理論視野。在縱向軸上，書稿第一章「大學國文科的歷史沿革」包括四個歷史片段：（一）清朝末年；（二）一九一二至一九三六年；（三）一九三七至一九四九年；（四）一九四九年至現在。尤其是把大學語文學科的源頭上溯到 1898 年的京師大學堂，具有正本清源的史料意義。須知直至今日，大陸的一些研究者（包括一些領導）仍然把大學語文視為後起的補課性質的臨時課，所以作者的研究是有超前意識的。橫向方面，作者研究港臺高校大學語文，自然是具有得天獨厚的條件，同時他也不忽視港臺與大陸的橫向研究，譬如關注到 1950 年華北人民政府教育部編委會編寫的兩部教材，關注到 1982 年「全國大學語文教學研究會」的成立及徐中玉主編的教材。作者還注意到即使大陸高校停開大學語文期間，也有學校以「習作與欣賞」之類的形式實際承擔著這門課的教學任務，所以他認為大陸高校中斷大學語文教學的時間只有十五年，這是非常獨到的眼光。

第六，該書稿雖然沒有發表，但是據楊教授給筆者的信中介紹，當時有影印本和手寫本兩個文本，「影印本存於圖書館，手寫本則輾轉借供講授大學國文之同事參考，印象中最後似存於中文系資料室」，這也必定在小範圍內發生過影響。至於作者自己，在經過了這樣的系統研究之後，再寫這方面

的論文，乃至主持香港考試局中國語文教育的工作，必然是更加胸有成竹、駕輕就熟。1983年，作者在此份研究報告的基礎上，作爲第一主編與「大一國文教學小組」其他成員合編了《大一國文教材》，並由香港華風書局出版發行。此後，楊教授又撰寫過多篇大學語文研究論文，僅筆者看到的，就有《從中大經驗看語文能力提高計劃的分工與配套》（1997）、《「大學語文」科的規劃和實踐》（1998）、《就香港大專中國語文教學的困局探討語文自學中心的角色》（2001）、《從因材施教到學以致用探討大學語文自學中心的發展》（2001）《從聯合書院的歷史看書院在通識教育的角色》（2002）、《香港中六高級補充程度「中國語文及文化科」文化部分的教學與測試》（2002）等，尤其是洩露書稿信息的那篇《大學國文百年變遷與新世紀的挑戰》（2000），更是鴻篇佳構，假如沒有前面書稿寫作的基礎，相信是很難寫得出來的。

　　第七，這部書稿的出版，即使遲到了三十五年，仍然具有重要的現實價值，書稿中提出的種種觀點，對今天的研究仍有指導意義。尤其是香港高等院校一直沒有中斷大學語文課的開設，相比大陸高校具有某種超前的經歷，他們在三十五年前所經歷的、所遭遇的，恐怕正是大陸高校今天正在經歷的、正在遭遇的，譬如高等教育擴大招生後大學生母語水平下滑的現象，譬如英語教育衝擊母語教育引起的危機，譬如商品經濟衝擊下語文教育的實用化趨勢，以及如何通過開展通識教育、開設「語文自學中心」等措施，應對和解決這些問題等，相信今天的大陸同行讀來，都仍會有醍醐灌頂之感，所以筆者眞誠向同行們推薦這部書稿，並期待書稿早日出版。

　　　　　　　　　　　　　（注：何二元爲全國大學語文研究會副會長）

作者手稿

NO. 1　　　　　　　　　　　　　　20X20=400

「國文」科應否成為大學課程中的各系共同必修科？本科所應修習的年數、教學目標，與如何配合大學通識教育及各系的專業需求，以設計課程，以至本科教科書的選文範圍及範文、文言白記此例等問題，長久以來在學者專家之間頗有爭論。在這篇研究報告中，嘗試將數十年來有關上述問題的資料全面整理，並額書與中國內地及台灣之有關著作後討論的結果。

研究工作分就五方面進行：一、搜集大學校史及諮問有關人士，探討大學國文科的歷史沿革及在中國大陸、台灣及香港的實施情況，所得結果見本文第一章。二、蒐集民國以來的大學國文教科書，加以敘錄及評編，見本文的大學國文教科書，加以敘錄及評編，見本文第二章。三、將上述教科書所選範文之篇目，優作者及時代重新編排，從而顯示名篇文章被選用的頻率，以為他日再編此類教科書的參考，此項成果見本文附錄三·四·蒐集民國以來

第　頁　　　　　　　　　　　　　　香港中文大學

下　冊

前　言

　　「國文」科應否成爲大學課程中的各系共同必修科？本科所應修習的年數、教學目標、與及如何配合大學通識教育及各系的專業需求以設計課程，以至本科教科書的選文範圍及範文之文言白話比例等問題，長久以來在學者專家之間頗有爭論。在這篇研究報告中，嘗試將數十年來有關上述問題的資料全面整理，並報告與中國內地及臺灣之有關學者交流討論的結果。

　　研究工作分五方面進行。一、根據各大學校史及訪問有關人士，探討大學國文科的歷史沿革及在中國大陸、臺灣及香港的實施情況。所得的結果見本書第一章。二、蒐集民國以來的大學國文教科書，加以敘錄及評論，見本書第二章。三、將上述教科書所選範文之篇目，依作者及時代重新編排，從而顯示各篇文章被選用的頻率，以爲他日再編此類教科書的參考。此項成果見本書附錄三。四、搜集民國以來討論「大一國文」課程及教學法之有關論文，編撰目錄，見本書附錄一。五、訪問中國大陸及臺灣各大學，與當地學者交流，討論有關本科的問題。曾先後訪問臺灣、北京及南京，並出席一九八二年四月十九日至二十五日在南京召開的「全國大學語文教學研究會首屆年會」，在會上提出論文，參與討論。有關本科各項問題之檢討，見本書第三章。

第一章　大學國文科的歷史沿革

（一）清朝末年

新式大學在中國的創設，始於光緒二十二年（公元一八九六年）梁啓超為刑部左侍郎李端棻草擬《請推廣學校摺》的倡議。後經御史王鵬運再行奏請，乃於光緒二十四年（一八九八）開辦京師大學堂〔註1〕，並由梁啓超草擬章程。《欽定京師大學堂章程》於光緒二十八年（一九○二）公佈。大學堂內設大學院、大學專門分科及預備科，又附設仕學館及師範館。

京師大學堂的課程門目表中，並無「國文」一科，而性質與後來大學國文科相近的，則有預備科中的「經學」、「諸子」和「詞章」。師範館課程中亦有「經學」和「作文」。

「經學」在預備科三年中每年開設，每星期兩教節。第一年讀「《書》《詩》《論語》《孝經》，自漢以來注家大義」。第二年讀「《三禮》《爾雅》，自漢以來注家大義」。第三年讀「《春秋三傳》，《周易》，自漢以來注家大義」。在師範館（四年制）亦每年開設，每星期一教節，內容為「考經學家家法」。「諸子」每年開設，每星期一教節。第一年講「儒家，法家，兵家」，第二年講「雜家，術數家，道家」，第三年講「考諸子名理派別」。

「詞章」每年開設，每星期兩教節，內容為「中國詞章流別」。至於教育館所開之「作文」亦為每年開設，每星期兩教節，內容為「考文體流別」。

〔註1〕京師大學堂何年開辦，在研究者中頗有爭議，計有 1898 年 12 月 3 日、1899 年 1 月 28 日及 1902 年 12 月 17 日三種說法，詳見莊吉發著《京師大學堂》（1970 年 8 月國立臺灣大學文學院出版）第一章。

在這個課程表中，值得注意的是：雖然「國文」這一課程名稱尚未出現，可是後來的大學國文課程，每每將群經、諸子、詞章兼包並蓄，可說是濫觴於此。

（二）一九一二至一九三六年

一九一二年，中華民國成立。是年十月，教育部公佈「大學令」，翌年一月公佈「大學規程」，規定大學本科修業三年或四年，預科三年。又廢止各省高等學堂，而以大學預科附屬於大學。

民國六年（一九一七）教育部修正大學令，將預科年限縮短為二年，本科則定為四年。

在一九一三年的「大學規程」中，將預科分為三部：第一部為志願入文科、法科、商科者設之，第二部為志願入理科、工科、農科並醫科之藥學門者設之，第三部為志願入醫科之醫學門者設之。三部之課程中均有「國文」一科。

「國文」科在預科開設而附屬於大學的制度，直到民國十九年（一九三〇）三月教育部通令一律不再招收預科學生始完全廢止。

至於師範教育方面，國文科頗受重視，在一九一二年十二月公佈、一九一六年一月修正的「師範學校規程」中，「國文」除為預科必修課程，並列為本科四年的必修科目，教學時數如下：

	預科	一年級	二年級	三年級	四年級
普通師範	10	5	4	3	3
女子師範	10	6	4	2	2

又「規程」第十一條云：「國文要旨，在通解普通語言文字，能自由發表思想，兼涵養文學之興趣，以啟發智德；並解悟高等小學及國民學校國文教授法。國文首宜授以近世文，漸及於近古文，並文字源流、文法要略及文學史之大概，使熟練語言，作實用簡易之文，兼課教授法。」

此外，據一九一三年三月教育部公佈的「高等師範學校課程標準」，「國文」為預科必修科，每週四教節，內容為「講讀、文法、作文」。本科方面，則只有三部設「國文」科。英語部第一學年每週四教節，內容為「講讀、文法、作文、小學」；第二學年每週二教節，內容為「講讀、作文、文學史」。歷史地理學部則只設於第一學年，每週四教節，內容只限於「講讀」。國文

部第一二學年，每周均爲十二節，第三學年每周八節。內容方面，第一年爲「講讀、文法、作文、小學」，第二年爲「講讀、文法、作文、文學史」，第三年爲「講讀、文學史」。

國文科在民國初年的北京高等師範學校的實施狀況，《北京師範大學校史》一書有詳細的介紹〔註2〕，引錄如下：

「（甲）國文講讀（預科一學年，每週三小時，第三學期加授二小時」）。用講義。

第一、二學期：傳記、書牘、論說各體文字。

第三學期：加授《文心雕龍》、《史通》及《文史通義》諸書中切於實用之文。

又（本科第一學年，每週四小時），用講義。

第一學期：分模範文、學術文爲二。

（模範）講：《韓昌黎集》；

（學術）講：《史記‧自序》、《孔子世家》等篇。

第二學期：分類同上。

（模範）講《柳河東集》；

（學術）講《漢書‧儒林傳》等篇。

第三學期：

（模範）講《昭明文選》；

（學術）講《經典釋文‧敘錄》等篇。

又（本科第二學年，每週四小時）

第一學期：分類見前

（模範）講魏晉文；

（學術）講《漢書‧藝文志》等篇。

第二學期：

（模範）講《漢書‧司馬相如傳》、《楊雄列傳》等篇；

（學術）講《莊子‧天下》、《荀子‧非十二子》等篇。

第三學期：

（模範）講《楚辭》；

〔註 2〕見北京師範大學校史編寫組編《北京師範大學校史》（1982 年 10 月北京師範大學出版社出版）頁 24～27。

（學術）講《禮記・中庸》、《禮運》等篇。

（乙）國文法（預科一學年，每週一小時），用講義。

第一學期：字類。

第二學期：作法。

第三學期：文體、文訣。

（丙）修辭學（本科第一學年，每週二小時），用講義。

第一學期：字句。

第二學期：略述文字訓詁。

第三學期：酌授《文心雕龍》及《古書疑義舉例》。

（丁）國文平點（本科一學年，每週一小時），用講義。

第一、二學期：擇清世名人所著各種講論文章之作，繕付學生句讀、批評，以資練習。

第三學期：平點元明各家論文論學之文。

又（本科第二學年，每週一小時），用講義。

第一學期：擇宋元明史傳文字之有關文學者，繕付學生句讀，批評。

第二學期：平點《新舊唐詩合鈔》內之《文苑列傳》。

第三學期：平點周濟《普略》內之《文學匯傳》。

（戊）國文作文（預科一學年，間週一次，每次限二小時）。

又（本科第一學年，每週三小時，每間二周，則令學生批改附屬中學學生所作課文，以資練習，本科第二學年同）。

（己）文字學（略，包括今古音聲類、等呼、四聲、反切、今音之對轉、韻攝、古音之古聲古韻；文字源流，六書大例，說文部首）。

（庚）文學史（略，包括中國文學史總論和分論）。

（辛）國文演習（本科第二學年，每週一小時），用教科書。

第一學期：演習《國文讀本平注》第一冊。

第二、三學期：演習《國文讀本平注》第二、三、四冊。

（壬）國文閱書質疑（本科第一學年，每週一小時，令學生閱看《史記》，屆時可向教員質疑。

（癸）習字（本科第一學年，每週一小時），有講義。

　　第一學期：授執筆法，練習大楷。

　　第二學期：授結字點畫分部配合及八法，練習中小楷。

　　第三學期：練習行草。」

　　從上列頗為龐雜的內容都歸入「國文」課程當中，可見當時對「國文」一詞的理解，含義廣泛，而設立國文科的目標，也成為持久爭論的問題，將在後文詳加討論。

　　民國創立，直到一九三八年教育部訂定全國統一課程為止，各大學在開設國文科方面各自為政，約可分為四類：一、只在附屬預科中開設，而本部課程不開國文科者，如北京大學、國立北平大學。二、在預科及大學本部均設此科者，除師範大學之外，尚有燕京大學、交通大學等。三、並不開設預科，本部亦不設國文科者，如協和醫學院。四、不開預科，而本部開設國文科者，如國立清華大學。

　　其中國立清華大學在課程表上標明此科為「大一國文」，《清華大學校史稿》云：「大一國文是對學生進行文化修養特別是寫作訓練的基本課程。它是全校學生的共同必修科之一，由系內主要教授擔任講授。一九三三年後還有專為本系學生開的國文班。國文課分讀本與作文兩項。前期曾採用《經史百家雜鈔》為教本，後改為本系編選的讀本，分甲乙兩種，『甲種以唐以前文為主，由教師講授，重在增進同學閱讀能力；乙種都是唐以後文，由同學自閱，在課堂中討論，重在供同學作文的榜樣』。課外還指定《梁啟超常識文範》和《胡適文選》為必讀參考書，這些均作為指導寫作的範本。此外，要求每兩周作文一次，文言白話都有，其成績占國文總成績的30%。」〔註3〕

（三）一九三七年至一九四九年

　　一九三七年七七事變之後，抗日戰爭全面展開，平津各大學首當其衝，紛紛轉移，而國民政府亦頒佈一系列應變措施，並重新整頓學制。一九三八年教育部制定「文、理、法三學院各系課程整頓辦法草案」。整理原則有三，計為：「一、規定統一標準。先從規定必修科目入手；選修科目暫不完全確定，仍留各校斟酌變通之餘地。此種規定，不僅在於提高一般大學之水平，且期與國家文化及建設之政策相吻合。二、注重基本訓練。先注意於學術廣

〔註3〕見清華大學校史編寫組編著《清華大學校史稿》（1981年北京中華書局出版）頁159。

博基礎之培養，文、理、法各科之基本學科，定爲共同必修，然後專精一科，以求合於由博返約之道，使學生不因專門之研究而有偏固之弊。三、注重精要科目。一般大學科目之設置，力求統整與集中，使學生對於一種學科之精要科目，能充分修習，融會貫通，瑣細科目，一律刪除。」

從這三個原則，定出九個整理要項，前三項爲：「一、全國大學各院系必修及選修課程，一律由部規定範圍內，參照實際需要，斟酌損益。二、大學各學院第一學年注重基本科目，不分學系；第二學年起分系，第三、四學年視各院系性質酌設實用科目，以爲出校後就業之準備。三、國文及外國文爲基本工具科目，在第一學年終了時，應舉行嚴格考試，國文須能閱讀古文書籍及作通順文字，外國文須能閱讀各學院所習學科外國文參考書，方得及格，否則仍須繼續修習，至達上述標準，始得畢業。」

至此，「國文」科乃正式成爲全國大學的一年級必修科。

各學院所修國文科學分如下表：

學　　　院	國文科學分
文　學　院	6
理　學　院	6
法　學　院	6
農　學　院	4
師範學院	10
工　學　院	4
商　學　院	6

規定大學基本課程之後，教育部便著手擬訂各科教學內容。首先在一九四○年徵集各院校之教材綱要，繼於一九四二年聘請專家多人召開大一國文編選會議，以朱自清、伍俶爲主編，選出古文五十篇，在一九四三年刊行了《部定大學用書・大學國文選》（國立編譯館出版，正中書局印行），是爲第一本全國通用的大學國文課本。

（四）一九四九年至現在

大學國文科在近三十年來的演變，可分中國大陸、臺灣和香港三方面敘述。

中國大陸方面，在一九四九年之後，並沒有由教育當局定爲必修科目。

最初幾年尚有開設，其後各校逐漸停開。至於停開的年份和原因，現有文獻頗不足徵，而當事人又語焉不詳。據徐中玉在一九八二年四月十九日「全國大學語文教學研究會首屆年會」的開幕演講，有如下的回憶：

> 「解放頭幾年很多高校（包括理工農醫各科）確實都開過『大一國文』，郭紹虞、章靳以等同志還編出了教材。至於解放前，那是一直有這個課的，名稱或作『中國文學名著選讀』，或作『文選及習作』，口頭通稱則為『大一國文』。那個時候，中文系教師凡是算作『專任』的，總得擔任三門課的教學，其中大多數得擔任一門『大一國文』，隨便分配在全校的各個科系裏。任課教師每學期除講文章外，必須要學生做五、六次『作文』，盡可能仔細進行批改，還要作些綜合性的評閱指導。後來為什麼統統取消了，只讓中文系的學生保留著，究竟有多少理由，我已想不完全。大概認為這門課對中文系以外的大學生沒有什麼用處。公共必修課既越來越多，在感到學生負擔過重的時候，可能以為取消這門課程是最應當、最合理的事情。」〔註4〕

除了上述的原因，在《北京師範大學校史》提到從一九五二年進行院系調整，到一九五七年反右鬥爭以前，「師大工作的第一個重要特點，就是『全面』向蘇聯學習，……大力貫徹黨中央關於改革舊教育和學習蘇聯的指示，……對包括教育制度、教學內容、教學方法、教學組織以及學校的組織領導各個方面，都進行了有計劃的改革」。在蘇聯專家波波夫的指導下，一九五四年教育部頒佈的計劃，公共必修課程中，便沒有「國文」科。〔註5〕

國文科恢復為大學基礎課程，在一九七八年由南京大學校長匡亞明倡議並在南大首先實行，定名為「大學語文」。一九八○年十月，在華東師範大學和南京大學的聯合倡議下，在上海召開了有二十所高校參加的「大學語文教學討論會」，制定教學大綱和教材篇目，成立教材編審委員會，並決定成立「大學語文教學研究會」。一九八一年七月，華東師範大學出版社出版了《大學語文》課本，內容全屬古典文學作品。一九八二年五月，出版《大學

〔註4〕見徐中玉《對〈大學語文〉課教學的一些看法》。本文收錄於全國大學語文教學研究會及南京大學學報編輯部合編出版的《大學語文研究集刊》（1983年出版）頁1。
〔註5〕見北京師範大學校史編寫組編《北京師範大學校史》（1982年10月北京師範大學出版社出版），頁142～143。

語文補充教材》，增收現代當代文學及外國文學作品。《大學語文》初版三十四萬冊，被三百餘所高等院校使用，並於一九八三年五月出版修訂本十二萬冊。「大學語文教學研究會」第一屆年會在一九八二年四月十九日至廿五日在南京召開，有一百五十三個單位共一百八十三名代表參加，共發表了一百零九篇學術論文，會中肯定了在大學設立語文基礎課程的意義，並提出了一系列改進此課程的建議。相信「大一國文」科將會在全國高等院校中繼續發展。

臺灣方面，仍然繼續一九三八年教育部制定的政策，將「國文」科定為大學一年級的共同修習課程。其間於民國五十三年六月公佈修訂大學共同必修科目，規定「國文」科須修習八個學分，第一學年上下學期各修四學分，每周上課四節。

臺灣各大學所用的國文教材，除國立編譯館所編的《大學國文選》之外，各校亦有自編教材。各種教材將於本書第二章詳加介紹。茲以國立臺灣大學歷年教材更迭為例，以見教學重點的變化。

一九五三年以前，臺大國文教材為專書選讀，所用專書為《史記》及《孟子》。一九五四年至一九五九年改用《史記》及《左傳》。一九六〇年除沿用《史記》及《左傳》，加入蔡元培所著《德育講義》。一九六一年於《史記》、《左傳》外，改用朱自清所著《經典常談》。至一九六八年廢《經典常談》，加入陸侃如、馮沅君合著《中國文學大綱》。一九七〇年仍復一九六一年之舊，用《史記》、《左傳》及《經典常談》。一九七一年改用自編《國文講義》。一九七五年用聯經出版社之《大學國文》，內容包括：史記選、散文選、韻文選，並大量選讀清末民初薛福成、曾國藩、王國維、蔡元培、梁啓超、傅斯年、胡適、蔣夢麟等人的文選。一九七九年至現在，使用自編之《國立臺灣大學國文講義》。至於教學編排方面，臺大現行制度，為兩學期課程，每學期十八周，每週四節，每教節五十分鐘。以系分班，每班五十人。課堂講授以串講範文為主，每學期作文三篇，全校統一命題考試。

教學研討活動，除各大學設立本科課程及教學研究小組之外，曾先後於一九六八年及一九七四年舉行「大專院校國文教學研討會」，並設立「國文教材編輯委員會」。

香港方面，只有兩所大學。其中香港大學從未開設共同必修科之「大學國文」課程，故本書之討論集中於香港中文大學。香港中文大學成立於一九

六三年,而三間成員書院——崇基、新亞、聯合——則於五十年代初年已告成立。從成員書院的創立直至現在,「大一國文」均為全校必修科目。期間的更迭變化,主要在教材和教學設計,而演變的過程,可以畫分為七十年代之前、七十年代、八十年代等三個階段,分述如下。

在七十年代之前,中文大學三間書院仍然各自保留課程設計的自主權和特色。課堂講授以串講範文為主,而由教師隨宜撥出部分時間供導修討論之用。講授所用之範文全屬古代漢語。此段時期三院先後採用之課本計有下列九種:

朱自清、伍俶編《大學國文選》

傅東華編《大學文選》

黃華表編《大學國文選》

鍾魯齋編《大學國文》

鍾應梅等編《大學國文參考資料彙編》

新亞書院中文系編《大學國文選》

王力主編《古代漢語》

《孟子》

姚鼐編《古文辭類纂》

(案:本章所提及之各種大學國文教科書均於本書第二章詳細敘錄)

七十年代之後,各書院除講授古代漢語範文之外,開始酌量補充現代漢語的作品。一九七一年常宗豪、鄧仕樑合編《現代散文選讀》,包括「文化、思想、學術論文」、「文學論文」及「文學創作」三個單元共三十八篇現代散文作品,用為崇基學院及聯合書院的「大一國文」教材。

一九七二年崇基學院編印《大學一年級國文教材》,在編選方針上作出突破性的改變,分為下列十二個單元:

一、語文學習

二、儒家思想

三、道家思想

四、史傳文學

五、論説文學

六、寫景文學

七、序記文學

八、應用文

九、翻譯文學

十、詩歌

十一、小說

十二、文學評論

以上十二個單元的編列，基本上力求切合「大一國文」科的眾多目標：語文學習、各類題材和體裁的文學作品介紹，以及傳統思想和文化的介紹。在各個單元之中，兼顧理論與創作，古今的源流，以至作品之間的比較。茲舉第九單元為例，列其細目如下：

第九單元：翻譯文學

（一）經典翻譯

　　（甲）佛典

　　　　（1）維摩詰經（問疾品第五）：兼用鳩摩羅什及玄奘譯本。

　　　　（2）法華經（藥草喻品第五）：鳩摩羅什譯。

　　　　（3）華嚴經（《十迴向品》第二十五）實義難陀譯。

　　（乙）新約

　　　　（1）太初有道

　　　　（2）山中寶訓

　　兼用吳經照、思高聖經學會及基督教會譯本。

（二）翻譯理論

　　　　林語堂：論翻譯

（三）歐西文學翻譯舉隅

　　　　（1）嚴復譯：天演論（群治）

　　　　（2）林紓譯：吟邊燕語（鬼詔）

　　　　（3）莎士比亞：哈姆雷特（節錄）

　　兼用梁實秋、朱生豪、卞之琳譯本。

　　　　（4）拜倫：哀希臘（節錄）

　　兼用蘇曼殊、馬君武、梁啓超、梁真譯本。

　　　　（5）馮至譯：德國里爾克《給一個青年詩人的十封信》（節錄）

　　（6）魯迅譯：果戈理《死魂靈》（節錄）

　　（7）梁遇春譯：康拉德《吉姆爺》（節錄）

　　（8）傅雷譯：羅曼羅蘭《約翰・克里斯朵夫》（節錄）

從上列細目，可以看到，在文化思想方面，這單元選錄了佛教和基督教的重要經典，而於介紹思想的同時，兼顧了不同時代的譯者對同一段經文的處理，並列比較，自可有助於學生對翻譯技巧的認識。第二部分為「翻譯理論」，提供了從事翻譯的理論架構。第三部分「歐西文學翻譯舉隅」，所選的原著，包括了德、俄、英、法的作者，小說、散文、詩歌、書信、論文等體裁，而譯者方面，包括了由清末至當代的著名譯文家，以至同一篇《哀希臘》，具引五言、七言、散文及新詩的譯筆，都可以見到編者的心思，雖然，亦有人批評此書分類略嫌龐雜，所選作品亦未必盡屬切當，可是這一兼包眾類的體制也就奠定了其後幾種課本的規模。

　　一九七三年，香港中文大學三間成員書院都搬進了沙田的新校舍，而「大一國文」課程亦統一安排，共同使用香港中文大學出版社的《大學國文講義》。此書分為下列十個單元：

　　　　一、語文學習

　　　　二、哲理文

　　　　三、論說文

　　　　四、史傳文

　　　　五、記敘文

　　　　六、詩詞

　　　　七、小說戲劇

　　　　八、文學理論

　　　　九、翻譯文學

　　　　十、科技文

比對前書，大量刪減了思想史、詩歌和翻譯文學的分量，增加了「科技文」一類。這是應理學院師生希望本科能介紹古代科技文章的要求而增加的。

　　在教學設計方面，自本年開始，明確規定本科的三個教節，其中一個教節撥作小組導修之用。

　　一九七六年，香港中文大學根據「新富爾頓報告書」進行學系整合，將各成員書院之學系統歸大學系務委員會管轄。香港中文大學中國語言文學系

系務會成立，並委任「大一國文科教學小組」，統籌本科之教學及考試事宜。全校「大一國文」科各班統一考試。

　　一九七七年，香港中文大學中文系出版《大一國文教材》，就原有課本再作改訂，分為十二單元如下：

　　　　一、語文學習

　　　　二、論說文（一）

　　　　三、論說文（二）

　　　　四、應用文

　　　　五、文學理論

　　　　六、詩歌

　　　　七、小說

　　　　八、史傳文

　　　　九、記敘文

　　　　十、報告文學

　　　　十一、翻譯文

　　　　十二、中國科技及社會經濟論文

比對舊本，原來的「哲理文」、「論說文」兩個單元改為「論說文」（一）（二），原因是有些同事認為哲理文與論說文很難畫出清楚的界線，其次，是增加了「報告文學」一類，原來的科技文也增補了社會、經濟方面的論文，以適應社會科學院的需要。此外，在這課本的《前言》特別強調了本科的教學目標：

　　　　「大一國文是一年級同學的共同必修科。對一般同學來說，這

　　　　可能是最後一年的中文學習。作為一個語文學科，最主要的任務，

　　　　是使學生掌握這個語言工具，日後在種種情況需要之下，能夠運用

　　　　自如。當今世變日亟，這個目標，恐怕不單是多讀幾篇文學史上的

　　　　名作可以達到，因此純由教師講解課文，學生聽講的學習方法，也

　　　　值得重新檢討。本課程仍按照一般習慣，選定若干篇章，選材之際，

　　　　已考慮到盡可能切於實用，以適應當前環境。……」

　　值得指出的是，到了七十年代後期，本科的教學重點已由精講範文漸漸轉移到注重語文練習。另一方面，由於香港政府重英輕中的語文政策，大部分的中學使用英語為教學媒介，使用中文教授各科的中文中學縮減到只有百分之十五。此外，中學原有的國文科分成「中國語文」和「中國文學」兩科，

由於「中國文學」只屬選修科，許多學生不選，導致國文科的實際學習時數更加減少。一般中學語文教師要負擔四班到五班每周共達三十多節的國文課，自然影響教學質素。以上種種原因都導致中學畢業生的語文水平江河日下。不少文學院以外的各系同事，以至大學的高層人員，在不滿意大學生的中國語文能力不足以應付學習的同時，每每建議「大一國文」科在教學上不要多講艱深的文化問題和文學作品，而要加強立竿見影即有成效的實用訓練。這些要求，在任教此科的同事之間頗為引起爭論，也自然影響到課程設計的方向。

到了一九八〇年，中大中文系分別出版了《大一國文教材》和《大一國文教材補編》，主要的改革是將「語文知識」從原有的範文教材中抽出，大量擴充，並加入「語文練習」。《補編》綱目如下：

甲、語文知識

　　（1）現代漢語的特點

　　（2）詞類

　　（3）工具書的運用

　　（4）漢字簡化

乙、語文練習

　　（1）改錯別字練習

　　（2）改病句練習

　　　　（A）一般文句毛病

　　　　（B）文白夾雜

　　　　（C）病態歐化

　　　　（D）粵語語法及語彙對書面語的干擾

　　　　（E）生造詞語

　　（3）文言語譯

這一措施，標誌著語文訓練成為本科的教學重點。至於範文部分，則大為壓縮，只分論說及記敘兩類，舊有課本中的詩詞、小說、戲劇及翻譯文學全部刪除。

上述二書使用一年之後，「大一國文教學小組」設計了一份頗為詳細的教學調查問卷，調查學生的日常閱讀習慣及對所選文章及課堂教學之意見。又對測驗學生語文運用能力的考試成績全面統計。在收集各種意見之後，進行

重編課本的工作。在一九八二年出版了由蔣英豪、張雙慶主編之《中國語文論文選·大學國文教學參考資料》。綱目如下：

(1) 通論
　　一、漢語的特點
　　二、字書簡介
(2) 漢字
　　一、漢字知識
　　二、談形音義
　　三、簡化字資料
(3) 語音
　　一、漢語拼音方案與注音符號
　　二、廣州音系
(4) 語法
　　一、語法的單位——詞、詞組、句子
　　二、從作文和說話的關係談到學習語法
　　三、歐化問題
　　四、廣州方言語法的幾個特點
(5) 詞匯
　　一、粵語語彙與普通話語彙
　　二、現代語裏的古語詞
　　三、怎樣辨析同義詞
　　四、生造新詞和亂拆合成詞
(6) 病句
　　一、常見的語法錯誤
　　二、病句的檢查和評改
(7) 文章的一般法則
(8) 標點符號的用法

比較前書，本書除內容較爲完備之外，更就香港學生常犯的錯誤及日常生活的事例，修改所選之文章，使之更切合教學的需要。

範文選讀部分，「大一國文教學小組」在一九八三年出版了楊鍾基、張雙慶、蔣英豪、黃坤堯合編的《大一國文教材》，綱目如下：

甲、古代漢語

　　第一單元：散文

　　第二單元：詩詞

乙、現代漢語

　　第一單元：學術論文

　　第二單元：散文

　　第三單元：小說

　　第四單元：新詩

編輯本書之時，首先利用了這個研究計劃的成果（見本書附錄），將目前收集所得之二十七種大學國文教科書按年代及作者編撰索引，然後依據某篇被選用之頻率，結合歷年教學所收集之意見，精選其中六十四篇。較之前書，主要在增加了古典詩詞和現代小說及新詩。

　　總結自香港中文大學成立至今的二十年間，本科所用之教科書，在七十年代之前，全部採用古代漢語範文。七十年代之後，除大量編入現代漢語文章，大體趨向是由繁而簡，自博轉約，從兼顧語文、文學、文化三方面的介紹，到側重語文，而歸結於語文、文學並重。

　　至於本科的課程設計，中大現行的制度是：各系一年級學生必修，為兩學期課程，每學期三學分，上課十四周，每週三教節，每教節四十五分鐘。每班平均三十五人。教學內容：均以三分之一課時由教師串講範文，三分之一課時講授語文知識及進行語文練習，三分之一課時為小組導修，由學生主持文章之討論，教師從旁輔導。習作方面，每學期命題作文三篇，此外隔周寫作短文（讀書箚記、書信、會議記錄，以至日常應用之文箋，不拘形式，主要在結合日常需要，訓練文字應用的能力）。又在指定範圍內進行課外閱讀，改錯別字練習，改病句練習，及普通話之聽讀練習等。每學期舉行各班統一考試。

第二章　大學國文科教材

（一）

　　本章旨在敘錄此次研究所知所見之各種大學語文科教材。由於各大圖書館對此類教材的搜集，頗不完備，每有從文獻資料得知某校曾用某書，及至實地訪尋，而了不可得，亦有向當日編者去函查詢而至今未獲答覆者。曾經親訪或託人查閱之圖書館計有：北京圖書館、北京大學圖書館、南京大學圖書館、中山大學圖書館、臺灣大學圖書館、臺灣師範大學圖書館、臺灣政治大學圖書館、哈佛燕京圖書館、史丹福大學圖書館、加州伯克萊大學圖書館、香港大學圖書館及香港中文大學圖書館。缺漏之處，當待日後細加搜求，使之完備。至於已得之資料，則不避繁冗，具引各書之序言及細目，並略為評論。

（二）

　　現今所見印刷成書的大學國文教科書，最早的一種出版於一九三九年，是郭紹虞所編的《近代文編》和《學文示例》。在此之前的情況，一是採用古人成書，二是由教師自編講義。除此之外，是否尚有印刷成書，仍然有待繼續尋索。

　　採用古人成書的例子，見於早期清華大學使用的《經史百家雜鈔》〔註1〕以至清末優級師範學堂「經學大義」科所用的《欽定詩義折中》、《書經傳說

〔註1〕見清華大學校史編寫組編著《清華大學校史稿》（1981年北京中華書局出版）頁159。

匯纂》、《周易折中》、《欽定春秋傳說匯纂》、《欽定周禮義疏》、《儀禮義疏》、《禮記義疏》等〔註2〕。參用近人著作的，則有三十年代清華大學所用的《梁啓超常識文範》及《胡適文選》〔註3〕。

　　至於由教師自編講義，則是此科草創初期的當然現象，在京師大學堂時期，經學科由王舟瑤負責講授，自編《讀經法》講義〔註4〕。本書上章所引的北京高等師範學校國文科課程表中，亦再三提及「用講義」。此外，據周作人的回憶，民國初年北京大學以至北京師範大學，在國文課程中可由教師自行處理教材。在《知堂回憶錄》提到沈士遠先生：「他最初在北大預科教國文，講解的十分仔細，講義中有一篇『莊子』的『天下篇』，據說這篇文章一直要講上一學期，這才完了，因此學生們送他一個別號便是『沈天下』。」〔註5〕。又提到一位甘大文先生：「錢玄同在師範大學擔任國文系主任，曾經叫他到那裡教『大一國文』（即大學一年級的必修國文），他的選本第一篇是韓愈的『進學解』，第二篇以下至於第末篇都是他自己的大作，學期末了，學生便去要求主任把他撤換了。」〔註6〕至於先編講義，其後才印刷出版的，例如沈啓无在一九四二年出版的《大學國文》一書的序中，即提到此書在出版前已經在一九三九年開始在北京大學校內使用。

（三）

　　自本節開始敘錄所知所見之大學國文教材。每書列書名、編者、出版者及出版日期，次則剪貼該書之序文及目錄並略爲評論於後。

　　《近代文編》《學文示例》
　　編者：郭紹虞
　　出版：開明書店（上海）
　　出版日期：一九三九年

〔註2〕見舒新城編《中國近代教育史資料》（1961 年北京人民教育出版社出版）頁690 至 705。

〔註3〕見清華大學校史編寫組編著《清華大學校史稿》（1981 年北京中華書局出版）頁 159。

〔註4〕京師大學堂何年開辦，在研究者中頗有爭議，計有 1898 年 12 月 3 日、1899 年 1 月 28 日及 1902 年 12 月 17 日三種說法，詳見莊吉發著《京師大學堂》（1970 年 8 月國立臺灣大學文學院出版）第一章，頁 70～71。

〔註5〕見周作人《知堂回想錄》（1971 年香港三育圖書文具公司再版），頁 363～364。

〔註6〕見周作人《知堂回想錄》（1971 年香港三育圖書文具公司再版），頁 485。

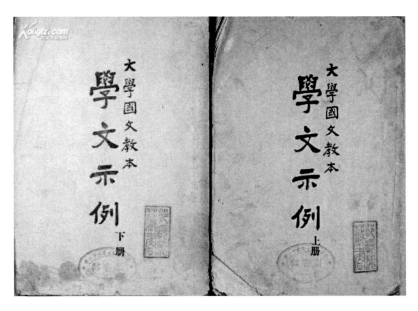

開明書店 1941 年版

大一國文教材之編纂經過與其旨趣

一　引言

大學一年級的國文，在各大學中向成問題，學生之需要不一致，學校各方面之期望不一致，即在國文學系各教員之主張也往往不一致，顧此失彼，難求兩全，所以有的大學索性根本取消第一年的國文，有的大學雖有第一年國文而國文系不負此責任，一聽各學院各學系之各自為政。吾校既不能取消第一年國文，而又欲國文系負此責任，於是本系對於一年級國文教材的編纂，便成為歷年討論的問題。顧歷年雖在改進途中，而總難得一具體的意見，究其原因，即由上述種種之不一致性難以解決的緣故。勉強欲調劑此種不一致性，於是會合眾人之意旨，兼顧各方之需要，共同選也共同編，然以會議時間的不充分，結果也難副理想的期望。因此，又感覺到共同編纂也有事實上的困難。於是來年的大一國文教材，即由虞一人試編。這原是一種大膽的嘗試，因為選文本是費力而不討好的事，其難副理想也自在意中，惟以選輯貴有選輯的宗旨，故由一人負責，或者比較容易看出編纂之旨趣。因此，我於編纂完竣以後，索性於序目編例中述其經過與選輯標準。此種編纂旨趣，本無何等重要之點，不過以其在各大學中均有同樣的問題，而此問題所波及的，有文學上的問題，如文言白話之爭是，有教育上的問題，如大學中學國文教

學法之區別是；所以頗想乘此機會，貢其一得之愚，以就正於海內之研究文學與教育者。

　　一年級的國文教材，現分爲二種教本，一爲《近代文編》，一爲《學文示例》，我於《學文示例》中寫一篇序以說明此二書之編纂旨趣。至《近代文編》之編纂旨趣則以涉及文言白話問題，故即用本期所載《新文藝運動應走的新途徑》一文以代序；而於代序之外另有「編例」及「序目」。「編例」與「序目」因是舊的體裁故用文言，其他諸文均爲白話，於是文言白話在本文中便成爲不一致了；好在本文原是由數篇文字雜湊以成的，所以此種不一致，猶不關緊要。

二　學文示例序

　　作文法可說而不可說：而可說者即所謂「每自屬文尤見其情」；而不可說者，又所謂「是蓋輪扁所不得言，故亦非華說之所能精」。所以舊的如《論說入門》一類之書固嫌其飽飣而無當性靈，即新的如《小品文做法》一類之書也何嘗能道著邊際，引人入勝。因此，這一類的書便很少佳構。無已，只有夏丏尊葉聖陶二先生合著的《文心》，利用故事的穿插，貫串成一部有條有理有系統的著作，深入而能顯出，抽象的問題而能具體的說明，而說來又能頭頭是道，不是浮光掠影之談，這不能不說是作文法中生面別開的空前著作了。

　　然而，《文心》一書只是爲中學生說法，在大學中用之便不甚相宜。我這般說，不是貶損了《文心》的價值，乃是說一切作文法中所可舉以示人的問題，在《文心》中差不多都已說過了。假使爲指導大學生的作文而再複述一遍則殊覺無謂，或欲勘進一層，則又屬難能。何以故？因爲這本非華說之所能精，所以中學生的作文法可說，而大學生的作文法則不可說。

　　大學生的作文法不可說，而自大學取消預科之後，各大學的大一國文便成爲全體必修的課目，而此全體必修課的目的，卻又重在作文技巧的訓練，於是大學的國文教學便成爲問題。假使不加注意，則一年復一年，也許因爲減少學生之興趣，也許因爲不合學生之需要，而教者諄諄，聽者藐藐，或將使國文程度之低落，成爲逐漸顯著的現象。因此，我們對於大一國文的訓練，對於大一國文課本的編纂，便不得不注意學生的興趣問題、需要問題；易言之，即是如何與作文取得連繫，而於作文訓練多少得一些幫助。

　　本書的編纂即是基於這種目的，這種需要而進行的。

　　　　　　＊　　　　　＊　　　　　＊　　　　　＊　　　　　＊

　　實在，大一國文課本的編纂，也眞不是一件容易的事。仍循桐城舊法，選唐宋八家之文，不用說現在，即在前十幾年的學生，也早已厭惡了。於是易之以學術文，美其名曰國故，上下古今，源源本本，在教者講得滔滔不絕，在聽者也聽來亹亹忘倦，似乎有些成效了，然而眼之高無補於手之低，知識的獲得原與技能的訓練不一定有很深的關係，而學術文的訓練遂歸於失敗。於是或易之以韻文或小品文，美其名曰純文藝，唐人傳奇，明清說部，六朝小品，蘇黃短簡，以及樂府詩詞無不具備，橫編的成爲文體類例，縱編的成爲文學史料，最低限度可以引起學生對於文藝的欣賞，然而適合於文學院的學生，卻不一定適合理學院學生之需要，脾胃不同，愛憎斯異，而純文藝的訓練也不能不謂爲失敗。於是又或因事制宜，爲文學院學生選授純文藝的教材，爲法學院學生選授社會科學的教材，爲理學院學生選授自然科學的教材，各得其宜，似乎也是理想的辦法，然而其苦心可佩，其成效仍難睹，因爲這與學術文的教材，同樣有側重知識的弊病。何況愈是狹義的應用往往愈不適於應用。由用言，原有無用之用，有超功利的用，而舊日文獻中有關社會科學或自然科學的材料，更談不到實際的應用。所以因事制宜的辦法，也一樣地行不通。

　　再加以選材的標準稍高，則學生看不懂，句荊字棘，又無適當的工具書可供檢查，於是惟有望文生歎，束書不觀，而教員也只能逐字逐句地講，遂與中學的國文教學法，並沒有什麼分別；標準稍低，則學生又因其太易，不免玩忽視之，而此課遂等於虛設，國文一課乃成爲學生休息的機會。這由標準言，是編纂困難之一。又由選材的內容言，也有同樣的困難。重在名著，則開明北新各書局之活頁文選早已選過，其教材必有許多爲一部分學生所已習；若使避熟就生，固無學生複習之弊，然而文章藝術畢竟不如膾炙人口者爲佳，而且誦習膾炙人口之名著，即使未能欣賞其文藝，最低限度也可謂是瞭解一些國學的常識。在中學所誦習的，反是第一流的名著，在大學所誦習的，反是第二流的文章，這又如何能引起學生之興趣！所以由內容言也是編纂困難之一。

　　這是說編纂上的困難，至於應用上則更成問題。國文教學或重在思想之訓練，或重在技巧之訓練，原如車之雙輪，鳥之雙翼，不可偏廢，但現時學生之通病，若用小品散文抒寫雜感，是其所長，至於條理組織，是其所短，

是則在思想訓練已經稍有缺陷了，何況技巧上的訓練也還有問題。自文學革命以來，文言白話儼成對壘，有的中學全重文言，有的中學全重白話，更有的隨教員興趣，甲教員來則講文言，乙教員來則教白話，於是學生對於語言文字之訓練本已難斬一致。再加以語言文字之訓練，與文學之訓練在大學國文教學中又是同樣的重要，而以此二者性質之不同，方法之互異，又不免有顧此失彼之慮。所以欲斬國文教本之能引起學生興趣，能適合一般需要，能與作文取得連繫，能避免中學教材之重複，能使教學方法與中學不同，能兼重思想與技能之訓練，能兼重文言與白話之訓練，能兼重語言文字與文學之訓練，如百效膏，如萬應錠，殆為事實上之所不可能。並非不可能，其原因乃在同一教本中，有文言，有白話，有文藝文，有學術文，有名著，有非名著，古今雜陳，新舊兼備，而復精粗不別，冶金錫於一爐，結果將使人茫然於是書編纂旨趣之所在。蕪雜而無條理，雖具眾美，卻不能顯其一美，這是所以欲求百效萬應為不可能之故。

     ＊   ＊   ＊   ＊   ＊

因此，現在分編二書，一是《近代文編》，以思想訓練為主而以技巧訓練為輔，一即本書——《學文示例》，以技巧訓練為主而以思想訓練為輔。技巧與思想原即一件事的兩方面，本有聯帶關係，為說明的方便雖可分而為二，但在實際上則訓練思想而技巧的訓練隨之，訓練技巧而思想的訓練也隨之，所以此二書之分編也不過是比較側重在任何一方面而已。又，於《近代文編》則重在語言文字之訓練，於《學文示例》則重在文學之訓練，此二者也只是同一進程中的兩階段，自有連續關係；所以，由大體言雖有所側重，而論二書之內容則《近代文編》中不是沒有文藝的作品，《學文示例》中也不是不講語言文字運用的方法。至於白話文言，則二書中兼有之：兼有之，正可看出此二者之關係，而同時也能適合一般之需要。

在應用上，《學文示例》當然與作文有關係，而《近代文編》以體分類，也正是為作文的幫助。所讀即所作，這是我於編纂時所注意的一種目標。由一般情形言，往往讀的是文言，而作的是白話，讀的是學術文，而作的是小品文，更有時自由命題，於是學生或且抄襲舊作以塞責，而於作文重在訓練的意義似乎更相背馳了。

又，在應用上，《學文示例》固是一種新的編製，新的方法，但《近代文

編》多選明顯之作以便學生預習，這也是與中學國文教學法不同之處。這樣，所以即使有中學讀過的教材，而方法不同，而觀感自別。同一教材，有比較，可參證，教者易於發揮，學者亦易於領悟；有講授的教材，有參考的教材，自不會感覺單調而興趣索然了。

離之則雙美，這是所以分編為二書，而二書仍是互相為輔的原因。

再有，按照教育部規定，小學的國文訓練重在白話，中學的國文訓練兼及文言，那麼，大學的國文教學，即使不專重文言，至少也不能不顧及文言的訓練。然而一重文言，便將認為迷戀骸骨，便將認為違反潮流，種種責難因之以起；固然，如前數年的讀經問題，確也有迷戀骸骨之嫌，而於每一種運動初起之時，事實上也不能不過正以矯枉，所以這些責難不能謂是絕無理由。然而我們一方面不欲為迷戀骸骨者推波助瀾，助其張目，一方面又須顧到社會的實際情形，不欲使受過十數年國文訓練的人到社會上竟不能應用。於是只有按照教部的規定，文白兼重，使大學畢業生的國文程度，至少也有充分運用語言文字的技能。我們可以不做文言，卻不能說不會文言；我們可以不提倡文言，卻不能不顧到文言。我們之顧及文言，正與迷戀骸骨者不同，不以文言為美文，而以文言為時下的應用文。我們相信在文學史上有地位者，一定是白話文，而文言則只是所謂時下文字而已。我們又相信文言中的詞匯也有在白話文中應用的可能，為要增加白話文詞匯之豐富，便有研習文言的需要。我們更相信為要矯正白話文之過度歐化，不使成為洋八股，不使與民眾生隔閡，則熟習一些中土舊有之語言文字的慣例，也不能謂為無意義的訓練。然而，我們對於文言訓練的限度僅止於此。僅止於此，所以對於教材的編纂，不僅文白兼收，而且對於文言文之選輯，不復如《古文辭類纂》的編製，不復如《駢體文鈔》的編製，不復如《經史百家雜鈔》的編製；因為此類編製都所以示人以鵠的；示人以鵠的，那才是提倡文言，而不是注重語言文字運用的訓練。這點分別，必得先加以辨析。

為了這些關係，所以對於以體分類的，稱之為《近代文編》，而不錄桐城派以前之文；即因以前之文，雖昔人自矜為抑揚吞吐情韻不匱之作，而實則真不免曾滌生所謂「浮芥舟以縱送於蹄涔之水」之譏。乾枯貧瘠，難有創格，這正是舊文藝的致命傷。由這一點言，轉不如近人所作，論議則反覆闡陳，敘記亦描寫淋漓，反有生命，反有大氣旁薄之象。正因我們不要再提倡落套的舊格，所以我們所注意的只是語言文字的訓練而已，只是如何運用白話或

文言以發表思想或記載事實的技能而已，只是使大學生如何具有此種訓練以應社會的需要而已。社會猶有此需要，這是事實，我們不能不顧及擺在面前的事實。爲要顧及這些事實而注重的文言訓練，便不需要以唐宋八家爲範作，不需要以先秦諸子爲階梯，更不需要宗經，更何論乎徵聖。所以認爲這樣編製比較沒有學習文言的流弊。

也爲了上文所說的關係，所以對於選錄古人文篇者稱之爲《學文示例》；其編製以例爲綱而不以體分類。蓋示人以例則舉一反三，在於讀者，變化由人，自不必出於一途；示人以體，則規範前作，亦步亦趨，標準既在，自然不免陷於落套。所以我於以體分類者，則示人以運用語言文字的鵠的，而不重在文學的訓練；以例爲綱者則示人以行文之變化，較重在文學的訓練而不是語言文字的訓練。

這更是我所以一方面雖顧到文言訓練，而一方面對於國文教本之選材卻不循舊格，不以古人佳作爲標準的緣故。

   *   *   *   *   *

上文云云，都是說明本書與《近代文編》編纂的旨趣。《近代文編》編纂之旨趣明，於是本書編纂之旨趣亦明。《近代文編》以重在語言文字之訓練，所以與作文法無關。本書以重在文學的訓練，所以所示人者是修辭之刪改或潤飾之例，行文之因襲或變化之例，因此，即視爲作文法一類的書也未嘗不可。這是本書與《近代文編》旨趣不同的地方。

由例言，分爲五項。一，評改例，分摘謬修正二目，其要在去文章之病：摘謬是消極的去病之例，修正是積極的去病之例。二，擬襲例，分摹擬借襲二目，摹擬重在規範體貌，借襲重在點竄陳言，故又爲根據舊作以成新制之例。三，變翻例，分譯辭翻體二目，或迻譯古語，或隳枯成文，這又是改變舊作以成新制之例。四，申駁例，分續廣駁難二目，續廣以申前文未盡之意，駁難以正昔人未愜之見，這又重在立意方面，是補正舊作以成新制之例。五，鎔裁例，此則爲學文最後工夫，是摹擬而異其形跡，出因襲而自生變化，或同一題材而異其結構，或異其題材而合其神情，參互比較，反覆推尋，或者眞能如昔人所謂「觀才士之所作，竊有以得其用心」。所以這又是比較舊作以啓迪新知之例。

我嘗以爲作文法的基礎問題，《文心》言之已明；作文法的精微之處，又

不易以言辭說明，所以只有以例示人，使人自生領悟，或不失為一種方法。所謂作文法不可說而可說者，又在於此。欲選文言文為教材，而蘄其與作文有聯繫，而蘄其不循舊格，不致落套，則此種編纂方法，或者有一些價值。方聞君子，幸辱教之！

三　近代文編代序（見前新文藝運動應走的新途徑）

四　近代文編編例

一、本編為燕京大學一年級生國文課參考教材，目的在適合大學生一般之需要，故所選文篇重在應用。第應用之義有廣有狹，真氏《文章正宗》所分議論敘事二類，曾氏《經史百家雜鈔》所分著述記載二門，即廣義之應用文也。至真氏之辭命文，曾氏之告語門，則應用之狹義矣。本編所輯以敘事議論二體為主，而附以辭命告語之文，其類例雖與真、曾二氏不盡相同，然大要以此為歸云。

二、文言白話之爭，至今未泯，實則由文藝言之，白話文自佔優勢，由應用言之，文言文猶有其需要。故私人述作可用白話，公牘往來猶用文言，且即就私人述作而言，商量舊學不妨文言，涵養新知宜用白話。凡此因人制宜，因事制宜之處，足徵文言肄習，難遽廢置，故本編所選近代人士之作，文白互收，取便模楷。

三、近人所用「近代」二字，義界各別。有以明、清為近代者，有以近三百年為近代者，有以鴉片戰役以後為近代者，有以戊戌變政以後為近代者，更有以民國以來為近代者。本編既重應用，自以不背現代生活為原則，爰以戊戌變政為中心，輯錄同光以來有關灌輸思想討論學術或研究生活之作，俾於講習之餘，兼收指導人生之效。

四、學文訓練或重思想或重技巧，原可分為二途。本編內容既以現代生活為歸，故側重思想訓練，而於技巧方面只注重語言文字之運用，與《學文示例》之兼重文學趣味者不同。是以所選教材，務取明顯，以便學生預習，俾增閱讀能力；同時又以體式分組，俾與作文取得連繫，庶於臨文之頃，得有觀摩之資。

五、日記筆記二體，長短任意，論敘兼備，應用之廣，莫與比倫；以其不成篇章，最易學習，故列於首。

六、議論敘事二類互有短長，於其輕重難易亦人異其見。茲以養成學生重視實際之習慣，故先從敘事入手，免蹈空論惡習。首遊記，爲寫景之文，次傳記，爲狀人之文，又次敘記，爲記事之文；至其莊諧互出有類小品者亦附載焉。

七、論議之文重在辨照然否，抒其獨見，顧是非之念或本諸自我，或啓自對方，所感不同，爲體亦異。茲以本諸自我者爲論說，啓自對方者爲論評，而以往復商榷二端兼備者爲論辨，條流雖繁，要不出此三途矣。

八、議論敘事兼備之體，其施諸人事者有題序書告二類，用於學術者有論述疏證二類，是均合於大學生一般需要，故以殿後。

五 近代文編序目 目闕

1 日記

日記之體，小則記述身邊瑣事，大則有關一代掌故。其文或謹嚴似史，或詼諧類說部，述作兼備，莊諧互陳，德性才學，均可於是覘之，知人論世，此其選矣。清季湘鄉以還，越縵湘綺，最爲著稱，《飲冰集》中亦多可採。近人爲之，厥體益放，蓋且淪爲報紙之通訊焉：最錄數節以備一格。

2 筆記

筆記之作，頗與日記相類，或作，或述，或記敘，或論議，舊聞新知，罔不賅羅，蓋亦文體中之博大教主也。吉光片羽，金屑紛披，殆所謂以寸鐵殺人者歟？就其性質體制，爲選數家示例如下。

3 遊記

遊記之體爲用頗廣，範水模山則宇宙供其雕鐫，述風語俗斯耳目爲之生新，遊蹤所至，勝致足寫，固亦時人之所尚也。狀景述事各舉數篇；其以日記書牘體寫者亦附載焉。

4 傳記

自史遷作《史記》，創爲列傳，於是記人之作多名爲傳。第傳之爲誼，取乎傳示，其體較尊，故昔人有傳乃史職之論。今雖不泥此說，然亦取其人事較重足資矜式者，不僅繫乎文辭已也。西哲列傳間載一二，以爲介紹學術思想之資。

5　敍記

記事之作，爲用至廣而體亦最繁。其記國家大政者則爲典志，述個人瑣事者則類小品，紀實者爲史乘，構虛者成說部。此外施諸實用則爲碑誌，雜以情感又類哀祭或頌贊，至與傳記遊記相淆者，尤數見不鮮。茲錄其體製明顯，內容翔實者以爲敍記之範。

6　論說

論發胸臆，義取敷陳，說憑口舌，言資悅懌，議論之文，固有不重評價，只尚煒燁者矣。游說之作，宜入辭命；說解之文，鄰於傳注；寓言雜說且亦譎詭足悅，然不免淪於說部矣。茲並不採；惟取其異於論評論辨而出於自我之感動者入此類。

7　論評

是非之念起自外緣，而只加論斷，體異辨難者，是爲評價之文。彥和詮論謂「陳政則與議說合契，辨史則與贊評齊行」，政之與史雖有今古之殊，要均評事之屬也；論評之作以斯爲多。至或說經鏗鏗，說詩霏霏，粲乎有述，近於彥和所謂釋經詮文者。則近人書評之作足以當之。求其上下千古，作作有芒，命意遣詞，國門可懸者，以爲論評之選。

8　論辨

昔桓譚《新論》，王充《論衡》，以論名書，而旨在辨照然否，是論之爲體，固以辨析是非爲幟志。顧是非之辨，有據理陳辭，一掃蚍蜉者，此駁人之文，雖近論評，要亦抒其獨見也。有詰曲究盡往復攻難者，此反駁之文，雖同論說，而其旨在立而能破，則又論評之屬矣。自西學東漸，古今新舊異其畛域，即西學之中又復派別紛歧，出主入奴，互爲水火，於是論辨之作，一時稱盛。至其辨古書，辨地理，辨古人，如張相《古今文綜》所舉者，則雖名爲辨而實考訂之文，別輯爲類。

9　題序

序者緒也，言其善敍事理，乙乙不窮若絲之緒也。其以事爲主者則敍事之體，以理爲主則議論之體，二者不同，故眞氏《文章正宗》已分編之；嗣後徐氏《明辨》亦仍其例，分列上下二卷。實則序之爲體，義資紬繹，意在敷陳，其所以別爲一體者，乃由出言吐辭之法與他體不類，初不關議論敍事性質之歧異也。今合而爲一，而以作用爲別。導言之作，褒然居首，所以著

明其旨也；題跋之作，綴以足後，所以廣大其義也。或舉凡以鉤玄，或備忘而誌感，斯則題序之別矣。

10　書告

書告之體，舊分詔令奏議書牘三類，或復增以贈序，或則益以哀祭，雖均持之有故，言之成理，要爲論古則當，語今則否。哀祭之體，多屬抒情，贈序之作，今無嗣響，至如詔令奏議二體則以政體變更，廢置不用。今所用者惟書牘文告二者而已。其專對一人或一機關言者爲書牘，普告有眾者爲文告，書記翩翩，二者盡之矣。近世黎庶昌謂書牘有言理言情言事之別，故亦議論敍事兼有之體。

11　論述

彥和有言：「聖哲彝訓曰經，述經敍理曰論」，是論之爲體原通於敍述。第昔人爲學，多抽前緒，明道宗經，不墜聖意而已。今則歐風美雨，震撼一時，思潮務新，學術異舊，紹介之作蓋不可緩。審今古之殊勢，固宜其貌同而心異矣。

12　疏證

近世施畸論中國文體，謂理智之發出於辨是非者屬論評文，出於解疑惑者屬疏證文，其說甚允。自近人治學，好言科學方法，於是條例之析，論斷之精，每度越前人，傳箋則新義獨標，考證亦創獲時見，然繁冗不殺，亦其病也。最錄數篇，取其結體明淨較無枝辭蔓說者，以見考據詞章之未嘗不可合而爲一也。

學文示例

編　例

一、本書主旨欲使大學國文教學有較異於中學之方法，故略本修辭條例，類聚性質相同之文，理論實例同時並顧，俾於講授之外，兼有參考教材。

二、本書編纂既多比較參證之作，庶使教者指示易於啓發，學者潛修易於領悟，國文一課或可不復有枯燥無味之感。

三、本書教材，文白互收，俾適於語言文字之訓練；韻散兼採，又斬適合於文學的訓練。學者可隨其程度興趣之異，各有所獲。

四、本書既兼重文學的訓練，故於各體文章無論駢散韻語，以及小說戲曲，佛經翻譯文體，民歌通俗文體，無不採擇以備一格。

五、本書原有序文，闡述編纂主旨，以此事涉及大學國文教學整個問題，編者爰彙集近年討論此問題諸文另輯成書（《語文通論》），故不復列序，以免複出。

六、本書原爲燕京大學一年級生國文教本，編纂之時常與董魯安、凌敬言、鄭因百、楊啓甫、黃如文諸先生商討去取，頗得其助，謹此致謝。

序　目　上冊

一　評改例

曹子建說過：「僕常好人譏彈其文，有不善者應時改定。」他所謂「譏彈」，即摘謬之例；所謂「改定」，又即修正之例。閱摘謬之例，可知疵病所在；閱修正之例，易悟錘鍊之方。這是學文第一步的工夫。固然「文章千古事，得失寸心知」，人之譏彈，未必盡當，何況再加以修改！袁子才謂：「方望溪刪改八家文，屈悔翁改杜甫詩，使八家少陵復生，必有低首俯心而遵其改者，必有反覆辯論而不遵其改者。」章實齋也說：「大約無心偶會，則收點金之功；有意更張，必多畫堊之誚。」所以此類之例互有得失，讀者正未可盡泥！然爲初學計，卻可於此等處悟出各種修辭方法。「大匠不示人以璞」，而此則以璞示人了！「鴛鴦繡了從教看，莫把金針度與人」，而此則以金針度人了！所以列舉昔人之理論與實例，以爲學者舉一反三之助。實例中間再分摘謬修正二類，摘謬是消極的去病之例，修正是積極的去病之例。摘謬類中分舉文言白話韻文散體諸例，俾明用字遣詞造句運典之法；修正類中分舉刪汰增潤竄易改定諸例，俾明草創討論修飾潤色之功。

理論之部

史記辨惑——選三十則

諸史辨惑——選二則

新唐書辨——選八則

文辨——選七則

詩話——選五則

章學誠文史通義答問

王嘉璧西山臬點竄

張宗柟輯帶經堂詩話摘瑕類（節錄）

袁枚改詩

實例之部

甲　摘謬類

葉燮汪文摘謬（選三篇）

汪琬送姚六康之任石棣序

汪琬送魏光祿歸蔚州序

汪琬金孝章墓誌銘

中學生雜誌文章病院（選二篇）

佚名今後申報努力的工作

張弓初級中學國文教本編輯條例

鮑廷博校本樂府雅詞（選三篇）

陳瑩中減字木蘭花

徐師川鷓鴣天

李彌道聲聲慢

乙　修正類

方苞古文約選（選三篇）

柳宗元賀進士王參元失火書

蘇洵審勢論

蘇轍唐論

紀昀史通削繁（選二篇）

本紀

浮詞

郭解傳

　　　　司馬遷史記遊俠列傳

　　　　班固漢書遊俠列傳

　　范蠡傳

　　　　司馬遷史記貨殖列傳

　　　　班固漢書貨殖列傳

　　王彥章傳

　　　　薛居正舊五代史梁書王彥章傳

　　　　歐陽修新五代史死節傳

　　史記集解提要

　　　　邵晉涵四庫全書提要分纂稿

　　　　紀昀四庫全書總目史部提要

　　景陽岡武松打虎

　　　　水滸傳一百十五回本

　　　　水滸傳一百回本

　　八十一難

　　　　吳承恩西遊記第九十九回

　　　　胡適西遊記的第八十一難

　　月蝕詩

　　　　盧仝月蝕詩

　　　　韓愈月蝕詩效玉川子作

　　歐陽修原正統論明正統論秦論魏論東晉論後魏論梁論

　　　　歐陽修正統論上正統論下

　　歐陽修先君墓表

　　　　歐陽修瀧岡阡表

　　蘇軾念奴嬌（原作與改作）

　　黃庭堅山谷詞

　　　　醉蓬萊原作與改作

　　　　玉樓春原作與改作

二　擬襲例

　　「謝朝華之已披，啓夕秀於未振」，這是說為文不宜規摹因襲；「或襲故而彌新，或沿濁而更清」，這又是說為文不妨規摹因襲。這些都是陸機《文

賦》中的話。同在一文中間，而有此不同之論，似乎覺得奇怪；然而天下事相反者亦適以相成！黃季剛說得好：「妙得規摹變化之訣，自成化腐爲新之功。」昔人所謂奪胎換骨點鐵成金諸法，也即從摹擬因襲變化出來，所以摹擬因襲原不足爲病。病在從摹擬因襲入，而仍從摹擬因襲出，那才是袁子才所謂「競似古人，何處著我」而已！今以規範體貌者爲摹擬類，點竄陳言者爲借襲類。摹擬類中分法式之擬與體格之擬二目；借襲類中分綴集與衍約二目。或套句式，或套篇式，或摹其體，或效其辭，無論實擬虛擬，要使昔人成法都爲我用，神明在心，變化由己，則摹擬自無摹擬之弊。又或旨取言公，意重運古，則綴拾陳言，以入己作，不僅見其巧思，抑亦見其鎔裁之功。至於本昔人舊作，或加衍化，或加括約，則又於擬襲之中兼及變翻之例了。要之，這是根據舊作以爲己作之例。

理論之部

劉勰文心雕龍通變

劉知幾史通模擬

章學誠文史通義言公中

宋濂答章秀才論詩書

吳曾祺涵芬樓文談仿古

劉師培文史通義言公篇書後

林紓畏廬論文忌剽襲

孫德謙六朝麗指（選錄二則）

蘇軾次韻孔毅甫集古人句見贈五首

實例之部

甲　模擬類

子　法式之擬

梁鴻五噫

文天祥六噫

陶潛形影神

梅聖俞擬陶體三首

杜甫寓居同谷縣作七首

文天祥六歌

汪元量浮丘道人招魂歌

　　　　　鄭燮七歌

　　　江淹恨賦

　　　　　李白擬恨賦

　　　陶潛五柳先生傳

　　　　　繆艮葉子先生傳

　　　劉峻自序

　　　　　汪中自序

　　　蘇軾前赤壁賦

　　　　　趙秉文遊懸泉賦

　　　章學誠古文十弊

　　　　　張鴻來今文十弊

　　　　　林語堂今文八弊

　丑　體格之擬

　　　尚書體——周書君牙

　　　　　漢武帝元狩六年封廣陵王策

　　　　　蔡邕司空文烈侯楊公碑

　　　　　蘇綽大誥

　　　　　白居易補逸書

　　　佛經體——鳩摩羅什譯金剛般若波羅密經（節錄）

　　　　　蘇軾書若遠所書經後

　　　　　錢謙益慈門上人書華嚴經偈

　　　風雅體——毛詩國風小雅（選黍離山有樞兼葭伐木蓼莪五首）

　　　　　陶潛停雲

　　　　　蕭穎士江有楓

　　　　　戴良山有杞

　　　　　劉基維澤有蒲

　　　古詩體——古詩十九首

　　　　　李攀龍古詩後十九首

　　　陶淵明體——陶潛歸田園居五首

　　　　　江淹擬陶徵君田居

　　　　　張英擬陶淵明田園

　　　　　曾燠擬陶徵君田居

　　　　玉川子體——盧仝月蝕詩（見前評改例修正類）

　　　　　　薛季宣春愁詩效玉川子

　　　　邵康節體——邵雍觀物吟

　　　　　　鄭鄠效康節體

　　　　溫庭筠體——溫庭筠菩薩蠻

　　　　　　項廷紀菩薩蠻

　　　　辛稼軒體——辛棄疾臨江仙

　　　　　　王鵬運臨江仙

　　　　阮瑀爲曹公作書與孫權

　　　　　　蘇軾擬孫權答曹操書

　　　　丘遲與陳伯之書

　　　　　　吳汝綸代陳伯之答丘遲書

　乙　借襲類

　　子　綴集

　　　阮元蔣士銓傳

　　　釋道榮張船山詩草序

　　　劉師培眞州看山記

　　　馮煦何子清哀辭

　　　傅咸七經詩（選四首）

　　　　　孝經詩

　　　　　論語詩

　　　　　毛詩詩

　　　　　周易詩

　　　王思任律陶

　　　　　歸園田居五首

　　　　　冬日座師招同祝刺史過弈

　　　　　營居城畝

　　　　　雜詩五首

　　　黃之雋香屑集

　　　　　重遊李氏園亭有懷

　　　　　倣風（十六首錄一）

　　　　豔歌行（二十六首錄一）

　　　　情詩六言（十八首錄四）

　　吳鎮松花庵律古

　　　　同心曲

　　　　山齋晚眺

　　　　寄題石顥若五泉別墅

　　　　桃花源

　　梁同書舊繡集

　　　　送丁大之江西

　　　　歲暮憶弟黔陽

　　朱彝尊蕃錦集

　　　　江南好

　　　　憶王孫

　　　　浣溪沙

　　　　浣溪沙

　　　　采桑子

　　　　鷓鴣天

　　　　臨江仙

　　論語子擊磬於衛

　　史記仲尼弟子列傳

　　孫星衍魏吏部尚書孫邕傳

　　魏武帝短歌行

　　王安石南鄉子

　　黃庭堅西江月

　丑　衍約

　　陶潛飲酒（錄一）

　　　　馮如京足淵明句

　　張志和漁歌子

　　　　蘇軾浣溪沙

　　　　黃庭堅鷓鴣天浣溪沙

　　　　徐俯浣溪沙鷓鴣天

　　　　無名氏浣溪沙

　　蘇軾陌上花
　　　　晁補之陌上花八首
　　　　錢謙益陌上花樂府三首
　　　　　柳是奉和陌上花
　　　　龍啟瑞高陽臺
　　蘇軾和秦太虛梅花
　　　　豐坊題梅花
　　王羲之三月三日蘭亭詩序
　　　　林正大賀新涼
　　　　方岳沁園春
　　　　孔傳鐸蘭陵王
　　陶潛歸去來兮辭
　　　　蘇軾哨遍
　　韓愈送李愿歸盤谷序
　　　　劉克莊哨遍
　　　　林正大水調歌頭
　　歐陽修醉翁亭記
　　　　林正大賀新涼
　　　　庾天錫折桂令
　　司馬遷史記滑稽淳于髡傳（節錄）
　　班固漢書外戚孝武李夫人傳（節錄）
　　　　辛棄疾水龍吟

　　《學文示例》是筆者目前所見最早的一本大一國文教材，而同時編纂的
《近代文編》則未能見到。編者將編輯這兩本書的經驗寫成長序《大一國文
教材之編纂經過與其旨趣》，是迄今所見最爲詳盡的一篇討論「大一國文」
教學目標、課程設計，以至選文標準的文章。《近代文編》的選文目標雖然
未能獲見，但從「序目」之中可以窺見此書選錄近人作品，「文白互收」，較
之後出的許多選本只選古代文言之作更勝一籌。《學文示例》則措意於「示
人以運用語言文字的鵠的」，是極爲正確的方向。此書將同一題材不同時代
的作品並列比較，頗能收舉一反三之效，雖然引例略嫌碎雜，而且偏重古代
作品，不無小疵，而椎輪草創之功，當不可沒。

（四）

《大學國文》上下冊

編者：沈啓无

發行：北京新民印書館

出版日期：中華民國三十一年（一九四二）十一月十日（北京圖書館藏）

北京新民印書館 1942 年版

《大學國文》序

　　二十八年北大文學院成立，我選了這十組國文講義當作教本，其中有一部分是以前曾經教過的，雖然這回在選材上略略有所增損，大體上並沒有多少變動。第一組之風土民俗文字，第二組之筆記小說，第九組之讀書箚記，

第十組之六朝小賦，完全是後來新加添的材料，若說此書有特色，我想便在
這幾組文章裏表現最鮮明，也最容易看得出了。這和普通的國文選本頗有一
個不同之點，卻也並非故意來立異。我平常很重視實質的，因此也非常地看
重經驗，覺得我們在一個現代文明空氣之下，對於中國過去舊文學，應具有
一個再認識的態度，這個再認識，可以說仍是承受五四時代前後的文人的責
任與義務，這當然又是一種痛苦的義務了。若那種盲然的推翻或茫然的接受，
我們殆均無能爲役，還只能辛苦冷靜地保持著所謂一點一滴的態度而進行。
因此，我覺得新文學發展的途徑上，後期的作風乃有一種古典派的成立不是
偶然的，這與沿著胡先生一派下來的通俗普遍並沒有什麼衝突，一個是求深
（文學上求其深），一個是求廣（文化上求其廣），必須把握得住這兩個源流，
中國新文學的意義才整個完全，才不會落到偏枯的一面。最早新文學的運動
原是新文化運動的產果，胡先生初期白話文的提倡之得以成功，正是文化上
一個必然的趨勢，以後的白話文乃單獨成爲新文學的事情了，在文藝本身自
然有待於補充結實，卻再返回中國舊文學裏去專取其所長，醞釀成一種古典
的作風，像這樣的一個有意識的成熟發展，正也是一條必然的道路。我們能
說他是復古的嗎？

　　我選這部大學國文，實亦即是站在這樣重質的再認識的觀點上，想把文
章的領域擴展，希望廣大與深永二者同時能夠兼顧得到，或者古典的精義與
現代的寫實熔爲一爐，假如你肯於這樣說。雖然這裡有些文章，因爲不合時
代的需要所以不必選，有些文章，經驗告訴我又不可以選，我們現在對於古
昔作家來重新表示重視，除掉是敬愛人才的意思以外，當然我們還有一個文
化上的辛苦的責任不能忘記，在這種地方，此書似又不是普通教本的意義了，
我願意送給青年的朋友拿它當做課外的讀物。中華民國三十一年十月廿七日
沈啓无於北京

<h1 style="text-align:center">大學國文　上冊　目錄</h1>

惜有錯字

吳自牧

暮春　七夕　中秋　茶肆　閒人　《夢梁錄》　知不足齋書本　學津討原本　《武林掌故叢編》本

周　密

元夕　西湖遊賞　祭掃　都人避暑　歲晚節物　《武林舊事》　知不足齋叢書本　《武林掌故叢編》本

劉　侗

水關　春場　高梁橋　《帝京景物略》　明崇禎刊本　清初覆刻本　紀昀編訂本有妄改之處

張　岱

秦淮河房　泰安州客店　柳敬亭說書　虎丘中秋夜　揚州清明　金山競渡　彭天錫串戲　西湖香市　及時雨　西湖七月半　《陶庵夢憶》　硯雲甲編本不全　申報館有鉛印小本硯雲甲乙編　王文誥刻本八卷粵雅堂叢書本即由王本翻刻　通行鉛印本易得

李　斗

新城北錄　下　虹橋錄　下　《揚州畫舫錄》　通行本　近刊揚州叢刻有李艾塘《揚州名勝錄》四卷即是從《畫舫錄》書中錄出並非原著　李氏全集五種總名《永報堂集》三十三卷嘉慶刻本　北平圖書館善本乙庫藏

顧　祿

野菜花　戴楊柳球　遊春玩景　麥秀寒　賣時新　荷花蕩　石湖看串月　重陽信　《清嘉錄》　道光刊本　此書日本有翻刻　嘯園叢書本又從日本翻刻　一本改名《吳門風土記》亦是由日本翻刻者

震　鈞

燈市　水局　漁洋老人　瑣記　《天咫偶聞》　光緒刊本

第二組　筆記小說一類文屬之

魏文帝

度索君　宗定伯賣鬼　麻姑　王周南　《列異傳》　見《太平御覽》　六朝人託名之作文卻可讀

干　寶

三王墓　女化蠶　紫玉　李寄　千日酒　僧志玄　《搜神記》　學津討

原本二十卷　漢魏叢書本八卷

吳　均

洛水白獺　燕墓斑狸　籠歌小兒　陽羨書生　清溪女神　《續齊諧記》

商務印書館影印顧氏文房小說本便覽稍有錯字

王　嘉

薛靈芸　《拾遺記》　漢魏叢書本

薛用弱

徐佐卿　平等閣　韋宥　韋知微　狄梁公　顧氏文房小說本

段成式

郭代公　元和士人　孟不疑　戴譽　獨孤叔牙　賣油者　僧智通

周乙　崔汾仲兄　范璋　登封士人　《酉陽雜俎》　四部叢刊影印本

蒲松齡

香玉　葛巾　黃英　《聊齋誌異》　通行本附注易得

紀　昀

閱微草堂筆記（選錄）　盛刻本

第三組　記遊一類文屬之

應　劭

封禪儀記　《全後漢文》　此文但取篇中「登泰山」一段　嚴可均輯《全上古三

代秦漢三國六朝文》此記訂爲馬第伯作　案各組有選漢魏六朝人篇目皆可於此書查

校

諸葛亮

黃陵廟記　《全三國文》　此記嚴氏疑爲依託

酈道元

《水經注》選錄　通行戴校聚珍本四部叢刊有影印　王先謙合校本　明刊朱謀㙔

《水經注箋》並有鍾譚評語多論文章

楊衒之

《洛陽伽藍記》選錄　四部叢刊三編影印明如隱堂本　商務又有張氏合校本頗

便學者　《洛陽伽藍記鉤沉》亦佳　此書有龍溪精舍叢書本上海中國書店影印本易

得

柳宗元

　　至小丘西小石潭記　袁家渴記　《柳柳州集》　通行古文選本類有《永州八記》

陸　游

　　入蜀記（選錄）　知不足齋叢書本

范成大

　　吳船錄（選錄）　知不足齋叢書本

蕭士瑋

　　南歸日錄（選錄）　《春浮園別集》　清初刊本　光緒十八年重刻

袁宏道

　　西湖記述（十四則）　《解脫集》　《袁中郎全集》　武林掌故叢編本

劉　侗

　　定國公園　英國公新園　泡子河　三聖庵　白石莊　崔兒庵　西堤
　　《帝京景物略》

王思任

　　遊西山諸名勝記　遊滿井記　《文飯小品》　鉛印《王季重集》有錯字

張　岱

　　岱志　《琅嬛文集》　上海雜誌公司鉛印本脫誤甚多　湖心亭看雪　《陶庵夢憶》

王士禎

　　遊金陵城南諸剎記　登燕子磯記　《金陵遊記》《漁洋文略》　遊記早刊是其少作大抵後來均收入《文略》　《文略》是漁洋晚年刪訂本也

第四組　日記一類文屬之

黃庭堅

　　宜州家乘（選錄）　知不足齋叢書本

蕭士瑋

　　蕭齋日記　《春浮園別集》

譚　獻

　　復堂日記（選錄）　復堂類集　半厂叢書本

周星譽

　　　　鷗堂日記（選錄）　　粟香室叢書本

　　俞　樾

　　　　曲園日記　　春在堂抄本　　未經刊行

第五組　書信尺牘一類文屬之

　　魏文帝

　　　　與吳質書　又與吳質書　《全三國文》

　　王羲之

　　　　雜帖（選錄）　《全晉文》　晉人雜帖俱可讀

　　梁簡文帝

　　　　答新渝侯和詩書　答張纘謝示集書　與湘東王書　誡當陽公大心書

　　　　《全梁文》

　　陳後主

　　　　與江總書悼陸瑜　《全陳文》

　　王　績

　　　　答馮子華處士書　《東皋子集》　四部叢刊影印本　羅振玉刻《王無功集》佳

　　王　維

　　　　山中與裴迪秀才書　《王右丞集》　趙殿成注本

　　蘇　軾

　　　　《東坡尺牘》　尺牘自蘇黃始有專集亦以蘇黃為最佳　周心如紛欣閣刻本善

　　黃庭堅

　　　　《山谷刀筆》

　　李　贄

　　　　答以女人學道為見短書　又與焦弱侯　《李氏焚書》　鉛印本易得有錯

　　　　復楊生定見　與焦弱侯　又　與友人　復梅客生　《李氏遺書》　明刊

　　　　本

　　諸葛亮

　　　　誡子書　誡外生書　《全三國文》　張澍輯《諸葛武侯集》　以下家書類

　　陶淵明

　　　　與子儼等疏　陶澍集注《靖節先生集》本善

　　徐　勉

《夜航船》序 《四書遇》序 《一卷冰雪文》後序 《夢憶》序 《西湖夢尋》序 《瑯嬛文集》

金聖歎

《水滸傳》序 《水滸傳》序三 貫華堂古本《水滸傳》 中華書局影印本通行七十回本《第五才子書水滸傳》

施閏章

《金陵遊記》序

陳維崧

《金陵遊記》序 以上二序載《金陵遊記》卷首

王士禎

《感舊集》序 《癸卯詩卷》自序 《漁洋文略》

陸次雲

《似見篇》序 題《清明上河圖》 《北墅緒言》 清初刊本

桂馥

《札樸》序 《札樸》 小李山房刊本 心矩齋叢書本

俞樾

《小滄州詩鈔》序 《秦膚雨詩》序 《王子安集注》序 《春在堂全書》 雜文部分均可讀

周作人

《澤瀉集》序 《陶庵夢憶》序 《澤瀉集》 《紹興兒歌述略》序 《風雨談》 北新書局印行

馮文炳

秋心遺著序 《淚與笑》 開明書店出版 《淚與笑》是梁遇春散文集 秋心是梁君的筆名 馮先生的筆名是廢名平時寫作亦皆以此二字著稱

第七組 傳記墓誌一類文屬之

司馬遷

刺客列傳 《史記》 通行本 扶荔山房刊有《史記菁華錄》六卷《書目答問》《群書讀本》中收之謂其評點處頗於學為詞章者有益

劉向

《古烈女傳》選錄 郝懿行妻王照圓有《烈女傳注》 郝氏遺書本 汪遠孫妻梁端有《烈女傳校注》刻本 陳衍妻蕭道管有《烈女傳集注》刻本

蕭廣濟

　　古孝子傳　茆泮林輯《十種古遺書》有《古孝子傳》一卷　龍溪精舍叢書有重刻
　　本　茲就蕭廣濟師覺授宋躬所撰《孝子傳》中選錄十餘則

陶淵明

　　孟府君傳　《靖節先生集》

沈　約

　　陶潛傳　《宋書隱逸傳》　亦附見陶集

江　淹

　　自序傳　《全梁文》

劉　峻

　　自序　《劉戶曹集》

陸　羽

　　自傳　《全唐文》

李商隱

　　李賀小傳　《樊南文集》　馮浩箋注　又注《玉谿生詩集》

徐　渭

　　自爲墓誌銘　《青藤書屋文集》　海山仙館叢書本

張　岱

　　五異人傳　自爲墓誌銘　《琅嬛文集》

陸次雲

　　梅花道人墓誌銘　《北墅緒言》

杭世駿

　　隱君丁敬傳　《道古堂文集》　汪氏振綺堂有補刊本

汪　中

　　自序　《述學》　四部叢刊影印本

蔣湘南

　　李李村墓誌銘　此文不見於《七經樓文鈔》　李著《汴宋竹枝詞》卷首載之此
　　書有河南官書局刻本

第八組　紀念一類文屬之

魏武帝

　　祭橋玄文　《全三國文》

張　岱

　　祭秦一生文　《琅嬛文集》

梁啓超

　　亡友夏穗卿先生　《飲冰室文集》

周作人

　　志摩紀念　《看雲集》　開明書店出版　半農紀念　隅卿紀念　《苦茶隨

　　筆》　北新書局印行　玄同紀念　原題《最後的十七日》　曾載《燕京大學文

　　學年報》　《實報》轉載有錯字　近收入《藥味集》

馮文炳

　　悼秋心　《大公報》文學副刊廿一年七月五日

第九組　讀書箚記一類文屬之

陸　游

　　老學庵筆記（選錄）　津逮秘書本　商務鉛印本易得

李　贄

　　司馬相如　《李氏藏書》　庚公不遺的盧　孔融有自然之性　強臣論

　　後　《李氏遺書》

張　燧

　　管仲知鮑叔尤深　孟子闢楊墨　孟子善言詩　吳亡不繫西施　漢武

　　憐才　儒者說詩之謬　經義取士之弊　吾儒異端　名教之累　《千百

　　年眼》　明萬曆刊本　日本有刻本　習見者爲小本銅板縮印有錯誤

趙　翼

　　婦人拜　古人跪坐相類　高坐緣起　不倒翁　掃晴娘　文人相輕

　　陔餘叢考　乾隆刻本　清談用麈尾　明末書生誤國　《廿二史箚記》　局刻

　　通行本易得

郝懿行

　　寒食散　阿堵　寧馨　《晉宋書故》　郝氏遺書本　郝氏有《曬書堂集》《證

　　俗文》《宋瑣語》及《燕子春秋》《蜂衙小記》《記海錯》諸書皆可讀

俞正燮

　　額黃眉間黃　《癸巳存稿》　光緒刻本　書《舊唐書・輿服志》後　《癸

　　巳類稿》　求日益齋刻本　安徽叢書第三期影印俞理初晚年手訂本佳

周作人

　　《論語》小記　《苦茶隨筆》　北新書局印行　常談叢錄　《瓜豆集》　宇宙風社出版　科目之蔽　張天翁　右臺仙館筆記　《藥堂語錄》　庸報社出版　西齋偶得　古詩裏的女人　《看書偶記》　曾以此總名在《實報》上連載若干則

俞平伯

　　周美成《浣溪沙》　《讀詞偶得》　開明書店出版

馮文炳

　　讀《論語》　《人間世》半月刊第二期

第十組　楚辭小賦一類文屬之

屈　原

　　湘君　湘夫人　大司命　少司命　山鬼　《楚辭·九歌》　《楚辭》有漢王逸注　宋洪興祖補注　朱熹集注　通行本易得　清初蔣驥山帶閣楚辭注佳　有影印本

宋　玉

　　悲秋　《九辯》第一　見《楚辭》

曹　植

　　洛神賦　《全三國文》

陶　潛

　　閒情賦　《靖節先生集》

謝　莊

　　月賦　《全宋文》

謝　朓

　　臨楚江賦　遊後園賦　《全齊文》

沈　約

　　麗人賦　愍衰草賦　《全梁文》

江　淹

　　恨賦　別賦　《全梁文》

吳　均

　　八公山賦　吳城賦　《全梁文》

梁簡文帝

　　晚春賦　舞賦　箏賦　列燈賦　對燭賦　梅花賦　採蓮賦　鴛鴦賦
　　《全梁文》

梁元帝

　　蕩婦秋思賦　對燭賦　採蓮賦　鴛鴦賦　秋風搖落　秋興賦　臨秋
　　賦　《全梁文》

庾　信

　　春賦　小園賦　傷心賦　蕩子賦　燈賦　對燭賦　鏡賦　枯樹賦
　　鴛鴦賦《全後周文》　　《庾子山集》有吳兆宜倪璠注倪注佳

陳後主

　　夜亭度雁賦　　《全陳文》

蕭　慤

　　春賦　　《全隋文》　王芑孫選《古賦識小錄》郟掄才蔣承志合選《古小賦鈔》可
　　讀　《六朝文絜》卷一全是小賦　黎經誥有《六朝文絜箋注》

　　這個選本有幾個值得注意的地方：一、除楚辭外，不選先秦文章。二、
選文年代下限及於當代周作人、俞平伯等人。三、選自小說筆記的文字特別
多。四、自序謂於「文學上求其深」、「文化上求其廣」，以為把握這兩個源
流，有助於中國新文學之整個完全，不致偏枯。首標「風土民俗」一組可見
編者之措意於民間文化。五、所標組別頗為注意日常應用之文字，如日記、
書信、遊記、讀書箚記等。至於此書可議之處，一則在分類略嫌碎雜，例如
於傳記墓誌之外，別立「紀念一類文」；二則在既選楚辭小賦而不及詩詞（寧
或兩者均可不選）。

（五）

《部定大學用書・大學國文選》

編選者：朱自清、伍俶

出版：國立編譯館

印行：正中書局

出版日期：中華民國三十二年（一九四三）

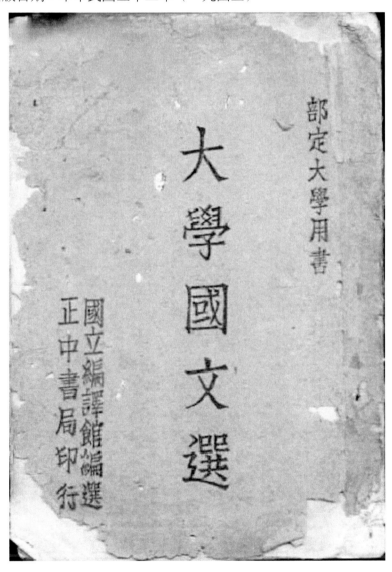

正中書局 1944 年版

大學一年級國文選本序

　　陸士衡有言，文之為用，恢萬里而無閡，通億載而為津，蓋修辭立誠，貴於達旨，言之有文，取其行遠，故諷誦文章，流連篇籍，足以上下千古，感應心靈。中華自書契之興，迄於晚近，文化以積累而彌富，著作亦閱世以滋多，顧文海浩瀚，則尋源不易，翰林緜密，則別擇為難；而治學有程，限於日力，不有精選，孰示津梁？大學一年級之國文學程為共同必修科目，所以養成學者理解載籍之能力，與運用文字之技術，以期漸進而闡揚固有之精粹者也。是則踵前修之軌跡，示楷式於方來，取精用宏，宜存矩矱，先河後海，方知津逮，教材無妨其從同，進度乃臻於一致。爰聘專家，詳加選擇，沿波討源，垂條立幹，歷代著錄其名篇，大家亦嘗其一臠，庶幾流變可知，體裁有別，觀瀾於海，是在學人。剞劂既成，用述旨趣，校訂損益，佇俟讜言。

中華民國三十二年元月　吳興陳立夫序

大學國文選例言

（一）本書編訂要旨如左：

　　（1）在瞭解方面，養成閱讀古今專科書籍之能力。

　　（2）在欣賞方面，能欣賞本國古今文學之代表作品。

　　（3）在修養方面，培養高尚人格，發揮民族精神，並養成愛國家、愛民族、愛人類之觀念。

（二）本書共選五十目，供大學一年級國文學程之用。加星號者二十目，盡先講授；餘於一年內誦習完畢。

（三）本書依四部次第排列。

（四）本書白文與注釋分別印行。

（五）本書有未盡善處，俟後修訂。

大學國文選目

一　*易　乾坤文言

二　*書　秦誓

三　*詩　泯　蒹葭　七月　東山

四　*禮記　禮運

三七　＊屈原　離騷
三八　＊賦選
　　　賈誼　惜誓
　　　司馬相如　長門賦
三九　董仲舒　舉賢良對策一首
四〇　庾信　思舊銘
四一　韓愈　答李翊書
四二　柳宗元　封建論
四三　＊唐宋詩選
　　　李白　夢遊天姥吟留別
　　　杜甫　北征　哀江頭
　　　白居易　琵琶行
　　　蘇軾　題王定國所藏煙江疊嶂圖
四四　歐陽修　胡先生墓表
四五　王安石　上仁宗皇帝言事書
四六　蘇軾　擬校正陸贄奏議上進箚子
四七　＊張載　西銘
四八　＊朱熹　大學章句序　中庸章句序
四九　＊王守仁　答顧東橋書（論拔本塞源一段）
五〇　姚鼐　與魯絜非書

　　本書是國民政府教育部在一九四二年聘請專家多人召開大一國文編選會議，籌備經年所編出來的，五十篇範文大抵按傳統經、史、子、集分類，每類之中依作者年代先後編排。試將本書篇目與上節沈啓无所編者比較，使人驚異的是兩書所選的文章竟有百分之九十五互不相同，同者僅有《水經注》及《洛陽伽藍記》而已。可見選文方針差異之大。

　　由於此書是教育部所定之課本，所以在教育界引起很大的反應，在《國文月刊》裏載有幾篇批評文章，其中丁易的一篇《談大學一年級的國文》提出了相當尖銳的批評。丁氏認為本科設立的初衷，是為了補救中學國文訓練之不足，可是實踐起來卻忘記了原先的目標，「認為大學國文自然應該多選些艱深奧衍的作品，才足以表示大學之所以為大，於是便盡量多選詰屈聱牙的群經諸子，平易暢達的文章，反遭擯棄（部定選本就多少有點這觀念）。」

又指出本書編訂要旨一再強調古今並重，然而卻全選古代作品，即與「今」字不合。〔註7〕

此外，徐中玉在《國文教學五論》亦指出「部頒的大學國文選目，其中幾乎全是周、秦、兩漢的詩文，唐、宋文只有十七篇，明、清文各只一篇，近人的作品一篇也沒有。選文的內容且不談，就時代的分佈講，這個比例就是頗可非難的。」〔註8〕

又文中亦提到此書雖然飭令各校「遵用」，但在此書頒行後的五年來，作者所教過的三所國立大學都沒有遵用。

平心而論，此書所選文章代表了傳統國學的觀點。經、史、子部的範文均屬代表作品。然於近代文章頗為忽略，白話文盡付闕如，亦難辭崇古抑今之譏。

〔註7〕見上海開明書店出版之《國文月刊》1946年3月第四十一期。頁8～11。
〔註8〕見上海開明書店出版之《國文月刊》1948年5月第六十七期。頁7。

（六）

《大學叢書·大學文選》

編者：傅東華

發行：商務印書館

出版日期：（案：此書未見原版，所見者爲臺灣商務印書館一九六五年
「臺一版」。估計此書之出版當在一九三八年教育部定大一
國文爲必修科之後及一九四九年之前）

商務印書館 1939 年版

目　錄

　　本書編次，起於清末上推至宋初，而以清代樸學家爲主。所選文章均屬論學之作，當以考見學術源流爲目標。此書用於大學中文系一年級雖略嫌深奧，尚且未嘗不可，若用於其他各系學生則殊不適當。

（七）

《輔仁大學三十七年度國文選本》

　　案：此書爲北京圖書館所藏。全書無版權頁，亦無編者姓名、出版日期及序跋之類。唯一可知者，此書乃一九四八年輔仁大學所用而已。

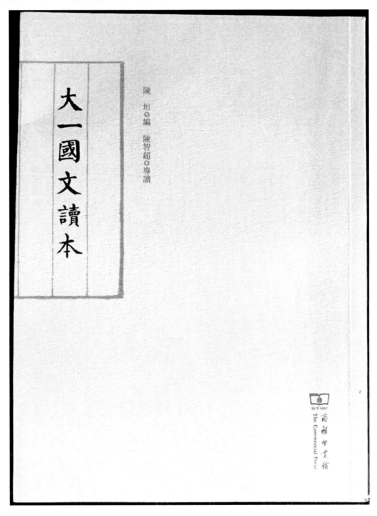

2016年商務印書館重印輔仁大學國文讀本

戰國策魯仲連說辛垣衍

史記信陵君列傳

史記廉頗藺相如列傳

史記荊軻列傳

晁錯論貴粟疏
劉向戰國策序
劉歆移讓太常博士書
朱浮與彭寵書
後漢書范滂傳
後漢書孔融傳
魏文帝典論論文
魏文帝與吳質書
曹植與楊德祖書
范曄獄中與諸甥姪書
牛宏請開獻書之路表
何延之蘭亭記
韓愈柳子厚墓誌銘
韓愈張中丞傳後敘
五代史一行傳序
王安石答韶州張殿丞書
司馬光答劉蒙書
蘇軾答李端叔書
艾南英前歷試卷自敘
侯方域癸未去金陵與阮光祿書
顧亭林論廉恥
顧亭林論文章繁簡
顧亭林論文人求古之病
顧亭林生員論中
汪中先母鄒孺人靈表
洪亮吉與孫季逑書
「附錄」論孟一臠

　　此書選古代漢語散文，按歷史年代排列。其中顧亭林之作品四篇之多，又此書有一值得注意的地方，在錄原文時並無分段，亦不附任何標點符號，未知是否有訓練學生斷句分章的作用。

（八）

《大學國文（現代文之部）》

編者：華北人民政府教育部教科書編審委員會

出版：新華書店

發行：上海聯合出版社

出版日期：一九四九年十一月（北京圖書館藏）

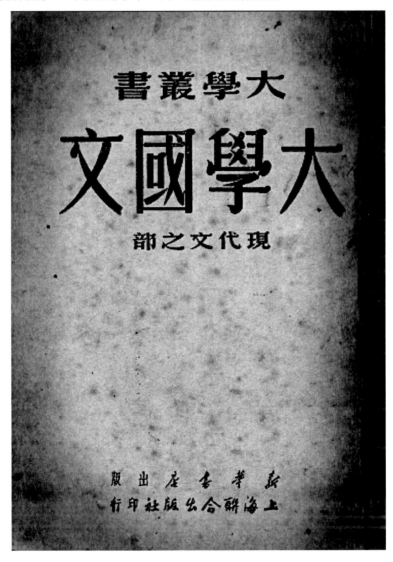

上海聯合出版社 1949 年版

序

　　這個選本的目錄，原先由北京大學跟清華大學的國文系同人商定，後來加入了華北人民政府教育部教科書編審委員會的同人，三方面會談了幾次，稍稍有些更動，成爲現在的模樣。一共三十二題。毛主席的《在延安文藝座談會上的講話》列入目錄，可沒有把全文印在裏面，因爲這篇文章流傳得很普遍，哪兒都可以找到。這是「現代文之部」，另外還要選編個「古典文之部」，跟這個本子相輔而行。

　　我們選材的標準不約而同。那些懷舊傷感的，玩物喪志的，敍述身邊瑣事的，表現個人主義的，以及傳播封建法西斯毒素的違反時代精神的作品，一概不取。入選的作品須是提倡爲群眾服務的，表現群眾的生活跟鬥爭的，充滿著向上的精神的，洋溢著健康的情感的。我們注重在文章的思想內容適應新民主主義革命的要求，希望對於讀者思想認識的提高有若干幫助。就文章的體裁門類說，論文、雜文、演說、報告、傳敍、速寫、小說，都選了幾篇。這些門類是平常接觸最繁的，所以我們提供了若干範例。

　　現在想向讀者——大學一年級同學——說幾句話。

　　我們曾經考慮過大學國文的目標：中學畢了業進了大學還要讀國文，到底爲什麼？對於中學國文教學的現況跟成績，我們也知道一些，可是同學們感受得深切，知道得更多。正好清華大學今年入學考試的幾個國文題都涉及國文教學，從試卷裏看來，大部分同學都說在中學裏沒有把國文學好，寫作能力差，希望進了大學好好的學一學。說到原由，有的怪自己不肯認眞，沒有努力，有的怪教師教法不好，誘導無方。看看試卷的文字，寫作能力差是眞的。我們這就決定：大學國文的目標應當卑之無甚高論，就在乎提高同學們的寫作能力。寫作能力跟閱讀能力有關聯，閱讀得其道，無論在思想吸收方面或者技術訓練方面，都是寫作上的極大幫助。現在說寫作能力差，大概閱讀能力也不見得沒有問題吧。而且，即使不管寫作，閱讀能力也非常切要，吸收的途徑雖然那麼多，閱讀到底是最寬廣的一條。因此我們修改我們的決定：大學國文的目標就在乎提高同學們的閱讀能力跟寫作能力。

　　我們首先希望同學們記住事實，記住自己的閱讀能力跟寫作能力還差。這個差呀，倒不在乎考試考不好，分數得不多，重要的是自己生活上不夠受用，不能夠充量的吸收，適當的表達。爲了受用，無論準備學文法的，學理工的，都得好好的把國文補修一下。至於怪自己，怪教師，甚至怪傳統的教

育精神以及國民黨反動政府的教育措施，固然也是探究根原的時候應有的事兒，但是更重要的還在認清楚自己的欠缺在哪兒。僅僅怪這個怪那個沒有用處，認清楚了欠缺所在，補修才有準確的方向。

其次，要知道所謂能力不是一會兒就能夠從無到有的，看看小孩子養成走路跟說話的能力多麻煩。閱讀跟寫作不會比走路跟說話容易，一要得其道，二要經常的歷練，歷練到成了習慣，才算有了這種能力。說閱讀跟寫作的能力差，並不指沒有閱讀過，沒有寫作過，是指以往的閱讀跟寫作還不怎麼得其道，因而經常的歷練多半成了白費，不能夠養成好習慣。現在要來補修，當然得竭力爭取得其道，跟著還得經常的歷練，才可以收到實際的效果。

又其次，要知道國文選本只是個憑藉，爭取得其道不能夠空口說白話，有了憑藉，歷練才有著落。以往閱讀是怎樣的，大家自己有數，如果發覺其中有些不妥當處，現在閱讀這個選本就改變個方法，新的歷練從此開始。從此開始可不就此終止，除了這個選本，閱讀其他的東西同樣的改變個方法，這就逐漸的養成受用的好習慣，也就是閱讀能力逐漸的在那裡加強起來。不在讀法方面多注點兒意，閱讀十個選本也是徒然，不用說一個。對這個選本注了意，不能說為了它是選本才注意，應該認清楚閱讀無論什麼東西都得這樣注意，要不就是草率從事，可能臨了兒讀了跟沒有讀一樣。常言道「舉一反三」，選本的閱讀是舉一，推到其他東西的閱讀是反三，一貫的目的在養成閱讀的好習慣，加強閱讀能力，一輩子受用：這一點，希望同學們仔細體會，深切同意，並且認真實踐。

同學們在中學的時候，國文課也許習慣了聽教師的講解，教師逐字逐句的講下去，聽完他一篇又是一篇。課外當然看些書報，也許習慣了粗枝大葉的看法，匆匆看過就放了手。情形如果像這樣，吃虧就在這上頭。聽教師逐字逐句的講解是最省事可是最少效果的事兒。理由很簡單，你不能夠一輩子請教師給你逐字逐句的講解。你上國文課，目的原在養成獨立閱讀的能力，專靠教師的講解距離獨立閱讀可太遠了。課外看些書報誠然是獨立閱讀，可是你又「不求甚解」，以致什麼東西看過了又好像沒有看過。現在要改善閱讀習慣，加強閱讀能力，不能不反其道而行之，盡量的做到獨立閱讀，獨立閱讀又盡量的求其不馬虎。

怎樣才是不馬虎？不妨在這兒提出一句口號：瞭解第一。無論理性的文章或者感性的文章，你要接受它，信從它，欣賞它，感受它，辨正它，批評

它，首先必須瞭解它，否則什麼都會落空。瞭解作者寫作的時代跟環境。就文章本身而言，瞭解文章裏作者思想發展的途徑最為切要。除了信筆亂寫的東西，一篇文章總有個中心，一部書也有個中心，作者的思想怎樣從開頭逐步發展，環繞著那個中心，把那個中心雕啊刻的讓讀者能夠認識，能夠感動，這非瞭解不可。瞭解了這個，你才跟作者合得攏在一塊兒，你才有接受它，信從它，欣賞它，感受它，辨正它，批評它的資格。要達到這樣的瞭解，自然得用分析的工夫。哪一部分是主要的意旨，哪一部分只是疏解，闡明，描摹，襯托，這一些又各有什麼樣的作用，必得條分縷析的認清楚才成。同時對於一個語詞一種句式也不容忽略，作者用的這一個語詞這一種句式，表達的是什麼樣的意念跟情態，都要毫不含糊的咬個實。一個小節的欠缺瞭解會妨礙通體的徹底瞭解，認識全牛不能夠放過皮毛、肢體、臟腑跟竅郤。熟極生巧的時候固然可以不費多大心思就達到徹底瞭解，學習的時候可不應該過分珍惜你的心思。

在學校裏修習又有一種好處，自己在課前準備是獨立閱讀，到上課時候又可以集體閱讀。集體閱讀如果採用討論的方式，大家提出問題，彼此解答、辯論、糾正、補充，這就彌補了獨立閱讀的不足。討論慣了的時候，眼力更敏銳了，心思更緻密了，往後的獨立閱讀必然會更進一步。這當然不及坐在那裡聽教師逐字逐句講解那麼省事，可是興趣好得多了，自己的受用多得多了，尤其重要的還在自己的受用多。要知道以往咱們學校裏的各種功課，國文教學受的傳統影響最深，書塾的一套辦法傳到學校的國文課，這是國文教學勞而少功的一個原因。現在要在國文教學收實效，要讓同學們多多受用，必須擺脫傳統影響，排除書塾的一套辦法，由同學們獨立閱讀同時集體閱讀。

再說寫作。首先要理解的，是咱們生活上有寫作的需要，所以要學習寫作，認真寫作。寫作不是一件裝飾品，藉此誇奇逞強的。寫作的需要大家都有，不必多說。有些人說沒有什麼可以寫的，似乎他們沒有需要，其實是他們不曾習慣，因而不能夠自覺罷了。一般人感覺寫作的困難在拿起筆來的時候，好像一堆亂絲攤在面前，理不出個頭緒來，或者好像看見個朦朧的影子，定神看去可看不真切。這種情形通常總說是寫作能力差，實際是思想過程還沒有完成。寫一篇文章或者一部書，像說一番話或者作幾次連續的演說一樣，是一連串的思想過程。事前想熟了，想通了，那條途徑了然胸中，拿起筆來就可以毫不遲疑，一揮而就。這與其說是不假思索，不如說是先有了腹

稿，腹稿的意思就是思想過程完成在動筆之前。至於拿起筆來感覺困難，原由在事前沒有想熟想通，這就不能不一邊寫一邊想，隨時還得加加減減，修修改改，無非爲的完成那思想過程。完成思想過程其實也不太難。要表達什麼樣的主旨，自己哪有不知道的？所用的材料，直接經驗的或者間接得來的，又都有在自己的胸中，只要以主旨爲依歸加上取捨跟安排，一條途徑就成立了。固然，途徑未必僅有一個方式，可以這樣發展，也可以那樣發展，同樣的表達了主旨，可是願意仔細想的總能夠找著某一個愜當的方式。把沒有完成當作已經完成看，就想一揮而就，那當然感覺困難。知道它還沒有完成，完成它就不難了。咱們每天認識些事物，研究些問題，習慣地完成一串串的思想過程，寫作不過是把它寫到紙面上去罷了，並不是什麼特別稀罕的事兒。

　　其次，寫作所用的工具是語言，寫下來就是文字，爲了種種的理由，現代人要寫現代的語言，這當然達到一個結論：語文一致。口頭的語言或許不免凌亂些，蕪雜些，寫到紙面上去可得求其精確，整齊，乾淨。這個要求並不是另外去造一種異樣的語言，只是把語言運用得更精練一些，它仍然是現代的語言，仍然是語文一致。咱們爲了生活上的實際需要，從小就學習語言。平時聽人說話，對人說話，閱讀書籍，寫作文章，一方面爲了實際需要，一方面也是在那裡學習語言。在學習的過程中，如果有幾分自覺心，隨時揣摩，分析，比較，什麼樣的語言才算精確的，整齊的，乾淨的，得到瞭解不太難。根據瞭解的自求改進，只要持之有恆，養成習慣，提高語言也不太難。重要的是那種自覺心，我們願意在這裡特別指出。不一定要系統的研究邏輯學、文法學跟修辭學。能夠不脫離生活實際，究明語言跟生活實際的關聯，一點一滴的收穫自然都會合於邏輯學、文法學跟修辭學，這些學問原來從生活實際中來的。拿起筆來如果感覺語言方面有困難，那該怪以往沒有那種自覺心，雖然經常的聽、說、讀、寫，可不曾對語言注點兒意。來者可追，從今爲始就得提起那種自覺心。只要一提起，就會覺得隨時有可以注意的材料，也就是隨時可以做揣摩、分析、比較的工夫，於是提高語言將是必然的後果。語言提高了，臨到寫作更不用多花心思在推敲語言上，怎樣想就怎樣說，怎樣說就怎樣寫，好似一股活水自然流注，沒有半點兒阻礙。熟習寫作的人就是達到了這個境地的。爲了寫作在生活上的切實應用，誰都該鼓勵自己達到這個境地。

　　到這兒可以說一說寫作跟讀物的關係了。咱們拿讀物到手，研讀它，目的固然在徹底瞭解它的內容，挑那好的有用的來滋養咱們的生活。前面說過，要達到徹底瞭解，得用分析的工夫，辨認作者思想發展的途徑，這個工夫同時就訓練了咱們的思想習慣。再說，咱們跟作者之間的唯一的橋樑是語言文字，咱們憑藉語言文字瞭解作者所想的所感的，不能不像前面說過的，提起那種自覺心，注意他怎樣運用語言文字。注意他怎樣運用語言文字，同時就訓練了咱們的語言文字的習慣。寫作可以從讀物方面得到益處主要在這些地方，並不在摹擬仿作，依樣葫蘆。摹擬仿作是一種玩藝兒。咱們寫作是生活上有這個需要，自己有東西要表達出來，決不該讓它成爲玩藝兒。

　　希望同學們考量我們在前面說的話，如果認爲有意思，就請採納。閱讀跟寫作的能力的提高是逐步逐步來的，即使以往不怎麼得其道，從研讀這個選本開始也不嫌遲，只要能夠認眞，當一回事兒。臨了兒，請不要忘了一年之後估量自己的成績。

　　　　　　　　　　　　　　　　　一九四九年九月，葉聖陶

目　錄

論通訊員的寫作和修養（加里寧）

在巴黎世界擁護和平大會上的演說（愛倫堡）

短論三篇（魯迅）

      人生識字胡塗始

      不應該那麼寫

      什麼是諷刺

寫於深夜裏（魯迅）

龍鳳（聞一多）

狂人日記（魯迅）

在其香居茶館裏（沙汀）

傳家寶（趙樹理）

一個女人翻身的故事（孔厥）

無敵三勇士（劉白羽）

鄭子產（張蔭麟）

文人宅（朱自清）

白楊禮讚（茅盾）

春聯兒（葉聖陶）

包身工（夏衍）

海上的遭遇（周而復）

三日雜記（丁玲）

墨水和鮮血（愛倫堡）

　　這個選本的特色，在葉聖陶的序裏說得很清楚，是「注重在文章的思想內容適應新民主主義革命的要求」。在一切爲政治服務的大前提下，國文課本自不例外。其次的目標，在「提高同學們的閱讀能力跟寫作能力」。此外，在所選的文章中，大量編入國家領導人的作品和選入外國翻譯作品，也是值得注意的地方。

（九）

《大學國文（文言之部）》
編者：北京大學中文系、清華大學中文系、出版總署編審局合編
出版：新華書店
印行：華北聯合出版社
出版日期：一九五○年（北京圖書館藏）

華北聯合出版社 1950 年版

序

　　這個選本的目錄，由北京大學中國文學系、清華大學中國文學系、出版總署編審局三方面的同人共同商定。本來想把它叫做「古典文之部」，後來覺得「古典文」這個名兒需要解釋，人家單看名兒不看解釋容易發生誤會，就改作「文言之部」。「文言」這個名兒包括的體裁固然多，可是簡要的說，它指稱古代絕大部分的筆頭語，決不是現代咱們口頭的語言。這樣的認識差不多是一致的，用上了它，誰都可以一望而知，不生誤會。

　　在「現代文之部」的序文裏，我們說過大學國文的目標在乎提高同學們的閱讀能力跟寫作能力。現在就文言說，只消上半句就夠了。文言有閱讀的需要。就淺近的說，找參考書，不能單看現代的，有時要看古代的跟近代的，古代的跟近代的書大部分用文言編寫。還有，大學裏有些課本，尤其是理工方面的，也用文言編寫。當然，咱們希望今後的大學課本一律用現代文編寫，可是擺在咱們面前的有文言的，你要讀得下去，就得學習文言。至於寫作，那全是自己的事兒，自己有什麼意思要表達出來，當然使用最便利的工具，最便利的工具是口頭的語言。用文言寫作沒有實際上的需要了，所以下半句寫作能力的話可以不提。

　　根據以上的認識，我們商定大學同學學習文言的目標是：培養閱讀文言書籍從而批判的接受文化遺產的能力。這個目標跟國粹主義完全不同。抱定國粹主義的以為唯有文言書籍值得讀，裏頭有東西。讀的時候又得全盤接受，要做的工夫只在疏解跟闡發，能夠疏解，就是接受過來了，如果還能夠闡發，那是接受得更深切的表現。以往的國文教學往往有這個傾向，實在是承襲了很久以來教育的傳統。現在時勢轉變，大家知道這箇舊傳統不應該再承襲下去了。可是國粹主義的影響恐怕不容易立刻擺脫，碰到文言又會不知不覺的回上老路去。因此，對於我們商定的目標還得說一說。

　　普遍用白話寫東西從「五四」開的頭，到現在只有三十多年，在「五四」以前，絕大多數的書籍是用文言寫的。那些書籍當中多少包含著有價值的東西，表現出人類追求真理的努力，值得咱們來學習，來接受。當然，所謂有價值並不等於十全十美，也許還有不少的缺點跟錯誤，那是因為作者受了時代、階級、認識的限制，追求真理只能夠達到一定的程度。咱們只要用批判的眼光閱讀那樣的東西，就可以撇開它的缺點跟錯誤，看出它好的正確的一方面。並且，從這兒還可以看出人類怎樣一步步的向前探索真理，因而加強

咱們對於眞理的把握。過左的想法以爲非現代的東西一律要不得，無條件的給它個排斥。那就割斷了古今的關聯，一切都得從今開始，自然沒有什麼接受文化遺產的問題。咱們相信古今的關聯是割不斷的，文化遺產是需要接受的，所以咱們要磨煉批判的眼光，要用批判的眼光閱讀已往的書籍。不用說，磨煉批判的眼光決不單靠閱讀已往的書籍，主要的還得靠政治思想跟文化知識的提高。文化遺產也決不限於已往的書籍，其他方面還有的是。可是，要想把批判的眼光用在書籍這一宗文化遺產上，能夠讀通文言是個必要的先決的條件。我們的希望並不怎麼樣大，我們只希望大學裏的同學懂得文言的基本常識，獲得閱讀文言的普通能力，在接觸到已往的書籍的時候，能夠用批判的眼光來讀它：就是這樣。

　　目標認定了，我們還得重複「現代文之部」的序文裏說過的話，「要知道國文選本只是個憑藉」，「有了憑藉，歷練才有著落」。但是，單靠這個選本，單讀這麼三二十篇東西，是未必就能夠達到目標的。必須在閱讀選本的時候切實運用好方法，又用這些好方法去閱讀其他的東西，這才可以逐漸的養成一輩子受用的好習慣。「不在讀法方面多注點兒意，閱讀十個選本也是徒然，不用說一個。對這個選本注了意，不能說爲了它是選本才注意，應該認清楚閱讀無論什麼東西都得這樣注意，要不就是草率從事，可能臨了兒讀了跟沒有讀一樣。常言道『舉一反三』，選本的閱讀是舉一，推到其他東西的閱讀是反三，一貫的目的在養成閱讀的好習慣，加強閱讀能力，一輩子受用。」

　　我們編輯這個本子，預先選了數目超過兩倍的文篇，淘汰了好幾回，才確定現在這個目錄。對於入選的文篇，依據我們的目標，定了些標準。有愛國思想的，反對封建迷信的，抱著正義感，反抗強權的，主張爲群眾服務的。就思想方法說，邏輯條理比較完密的，我們才選它。換句話說，那篇東西在那個時代那個環境那些條件之下是有進步性的，我們才選它。咱們不能要求古人的想法全合於現今的思想政治水平，咱們對於古人的東西必須批判的接受，選讀前面所說的一類東西，跟實際並不脫離，同時又便於磨煉批判的眼光。

　　我們也考慮過教學分量的分配，決定現代文占三分之二，文言占三分之一。如果咱們承認大學國文爲的是補修，最要緊的當然是現代文，分量應當多些。按教學時間來說，我們希望把三分之二的時間給現代文，三分之一給文言。或許有人要問：「現代文之部」將近三百面，不算少，又加上這個「文

言之部」，教學時間可只有一年，讀得完嗎？我們說：讀不完沒關係，反正選文只是個憑藉，盡可以按二與一之比，在兩個本子裏頭挑來讀。剩下的部分呢，留在課外去讀。我們說過課內閱讀只是舉一，在課外閱讀剩下的部分正可以反三。如果有個別的班次或者個別的同學國文程度差不多了，不必再花工夫補修，自然可以免修，或者在現代文跟文言裏頭免修一種。不過我們要鄭重提醒，在決定國文程度是否差不多的時候，必須經過精密的考查。這不單是教師的事兒，同學們尤其應該瞭解，實際需要補修而錯過機會不補修，吃虧不僅在同學們本身。

以下我們就語文學習方面說一些話。

文言跟現代文的區別在那兒？如果要找一個最簡單的標準，可以這樣說：用耳朵聽得懂的是現代文，非用眼睛看不能懂的是文言。在名副其實的現代文（依據現代口語寫的）跟文言之間已經有很大的距離。咱們學習文言，應該多少採取一點學習外國語的態度跟方法，一切從根本上做起，處處注意它跟現代口語的同異。辨別同異到了家，養成了習慣，在工具觀點一方面就算成功了，雖然咱們的目標不僅是工具觀點。

同異可以分幾方面來看。第一是詞彙。文言跟現代口語比較起來，詞彙有相同的，有不同的，有部分相同的，也許最後一種最多。文言裏大多數是單音詞，現代口語裏大多數是複音詞。

詞彙相同的如「人」「手」「愛」「笑」「大」「小」「國家」「制度」「經營」「商量」「聰明」「滑稽」。因為相同，不至於發生什麼誤會，咱們就不需要多費心思。

不同的可得注意，如果疏忽了，也許會不明白文言裏說的是怎麼回事。如古代「冠」現代口語是「帽」，「辛」是「辣」，「甘」是「甜」，「侏儒」是「矮子」，「慫恿」是「攛掇」，「雉」是「野雞」，「弈」是「下棋」，「憶」是「想起」，「斂」是「收縮」，「廉」是「便宜」，咱們必須知道兩兩相當，才能得到確切的瞭解。

部分相同的大致有以下兩種情形。一種情形是文言的單音詞包含在現代口語的多音詞裏頭，如「鼻子」「帶子」裏包含「鼻」「帶」，「指頭」「外頭」裏包含「指」「外」，「老虎」「老鷹」裏包含「虎」「鷹」，「耳朵」「胸脯」裏包含「耳」「胸」，「討厭」「相信」裏包含「厭」「信」。又一種情形是兩個文言的單音詞合成一個現代口語的多音詞，如「皮膚」「牆壁」「行為」「官長」

「美麗」「困難」「驕傲」「單獨」「更改」「製造」「增加」「分析」，在文言裏都可以分成兩個單音詞，兩個中間用一個就成。從這兩種情形可以看出現代口語詞匯多音化的傾向，爲的是説出來便於聽清楚，不至於纏混。

最需要注意的是表面相同可是實在不同的那些個，如果不明白彼此實在不同，誤會就大了。如同樣一個「去」，古代「去」是現代口語的「離開」，現代口語「去」是古代的「往」；同樣一個「兵」，古代「兵」是現代口語的「武器」，現代口語「兵」是古代的「士卒」；同樣一個「股」，古代「股」是現代口語的「腿」，現代口語「股」是個單位詞。又如同樣一個「交通」，在古代是「交際」「勾結」，在現代口語裏是「水陸往來」；同樣一個「消息」，在古代是「生滅，盛衰」，在現代口語裏是「音訊，新聞」；同樣一個「口舌」，在古代是「言語」，在現代口語裏是「爭吵」；同樣一個「時髦」，在古代是「一時的英才」，在現代口語裏是「一時的好尚」。又如同樣一個「偷」，在古代是「苟且」，在現代口語裏是「偷東西」；同樣一個「慢」，在古代是「不加禮貌」，在現代口語裏是「快」的反面；「苟且」跟「不加禮貌」是古代的主要意義，現代可不用了，「偷東西」跟「快」的反面是古代的次要意義，現代可成了唯一意義了。還有些語詞，現代的意義把古代的擴大了。如「嘴」，古代寫「觜」，只指鳥的嘴，可是現在一切動物的嘴都叫「嘴」。又如「哭」，古代只指出聲的，不出聲的叫「泣」，可是現在不管出聲不出聲都叫「哭」。跟這個相反，有些語詞的現代的意義把古代的縮小了。如「肉」，古代指各種動物的肉，可是現在只指豬肉。又有些語詞，古代的主要意義現在已經改用了別的，可是引申意義現在還保存著。如「口」的主要意義已經改用了「嘴」，可是「門口」「瓶口」都還用「口」。又如「面」的主要意義已經讓「臉」替代了，可是「面子」「地面」「桌面」「門面」都還用「面」。（「臉」本來只指「目下頰上」那一小塊兒，所以從「臉」這方面看，又是意義擴大，跟「嘴」一樣。）

看文言跟現代口語的同異，第二個方面是文法。文言的文法大體上跟現代口語相去不遠，值得説一説的有以下三點。

一點是文言里語詞的變性跟活用很普遍。動詞用成名詞的例子如「吾見師之『出』而不見其『入』也」。形容詞用成名詞的例子如「摧『枯』拉『朽』」；「乘『堅』策『肥』」。名詞用來修飾動詞的例子如「豕『人』立而啼」。名詞變動詞的例子如「『衣冠』而見之」，「慎勿『聲』」。形容詞變動詞的例子

如「敬鬼神而『遠』之」，「相公『厚』我『厚』我」。形容詞跟名詞變動詞，有「以……爲」意義的例子如「滕公『奇』其言」，「孟嘗君『客』我」。名詞、形容詞跟一般動詞變成有「致使」意義的動詞的例子如「適燕者『北』其轅，適越者『南』其楫」，「『正』其衣冠，『尊』其瞻視」；「進不滿千錢，『坐』之堂下」。

　　又一點是文言句子裏各部分的次序跟現代口語有些差別。文言裏疑問代詞作賓語，就倒過來放在動詞之前，如「子『何』恃而往？」「泰山其頹，則吾將『安』仰？」否定句裏代詞作賓語，也倒過來放在動詞之前，如「時不『我』待」，「蓋有之矣，我未『之』見也」。還有一種倒裝的格式，在賓語跟動詞中間插個『之』或者『是』，如「非夫人『之』爲慟而誰爲？」「君人者將禍『是』務去」。這類句子又往往在前頭有個「唯」，如「不知稼穡之艱難，不聞小人之勞，『唯』耽樂『之』從」；「除君之患，『唯』力『是』視」。還有，「以」的賓語也常常倒過來放在前頭，如「『禮』以行之，『遜』以出之，『信』以成之」；「若晉君『朝』以入，則婢子『夕』以死，『夕』以入，則『朝』以死」。一般的賓語倒裝，或者爲了加重，或者爲了賓語太長。現代口語也常常應用這個格式，如「這兒的事情，你不用管」。可是在文言裏，常常在動詞之後補一個代詞，如「俎豆之事，則嘗聞『之』矣」；「是疾也，江南之人常常有『之』」。除了賓語倒裝，文言裏的「以……」「於……」往往跟現代口語裏的「拿……」「在……」位置不同，如「與以錢」（現代口語說「拿錢給他」），「動之以情」（「拿感情打動他」），「遇之於途」（「在路上遇見他」）；「雜植竹木於庭」（「在院子裏種了些竹子樹木」）。可是跟現代口語位置相同的也不少，如「以天下與人」（「把天下給別人」）；「能以足音辨人」（「能夠憑腳步聲音辨別是誰」）；「寓書於其友」（「寄信給他的朋友」）；「於心終不忘」（「在心裏一直忘不了」）。

　　第三點是文言句子裏各部分的省略。先說主語的省略。這是文言裏跟現代口語裏同樣的常見的，也許文言比現代口語更多，因爲文言裏少了一個可以用作主語的第三身代詞（「之」跟「其」不用作主語，「彼」又語氣太重），除了重複前面的名詞，只有省去不說。尤其應該留意的是不止一個主語省略的時候，如「郤子至，請伐齊，晉侯不許；〔　〕請以其私屬，〔　〕又不許」。其次說賓語的省略。第一個動詞之後的賓語，兼作第二個動詞的主語的，常常省略，如「勿令〔　〕入山」；「夏蚊成雷，私擬〔　〕作群鶴舞空」，「寨

人有弟不能和協，而使〔　〕鬭其口於四方」。「以」「與」「爲」「從」後頭的
賓語常常省略，如「以〔　〕攻則取，以〔　〕守則固，以〔　〕戰則勝」；
「聊以〔　〕答諸生之意」；「不足與〔　〕圖大事」；「可與〔　〕言而不與
〔　〕言，失人，不可與〔　〕言而與〔　〕言，失言」；「乃有意欲爲〔　〕
收責於薛乎」？「即解貂覆生，爲〔　〕掩戶」；「八齡失母，寢食與父共，
從〔　〕受國文，未嘗就外傅」；「時過其家，間從〔　〕乞果樹」。賓語後頭
跟著「以……」或者「於……」的時候，那個賓語也常常省略，如「余告〔　〕
以故」；「其畜牛也，臥〔　〕以青絲帳」；「取大鼎於宋，納〔　〕於太廟」；
「家貧無書，則假〔　〕於藏書之家而觀之」。其他省略賓語的例子如「主人
恐其擾，不敢見〔　〕」；「張建封美其才，引〔　〕以爲客」；「褚公名字已顯
而位微，人多未〔　〕識」；「熙寧中高麗入貢，所經州縣，悉要地圖，所至
皆造〔　〕送〔　〕」。省略主語跟賓語之外，「以」跟「於」這兩個介詞也常
常省略。省略「以」的例子如「陳少使婦人飲之〔以〕酒」；「客聞之，請買
其方〔以〕百金」；「群臣後應者，臣請〔以〕劍斬之」。省略「於」的例子如
「予自束髮讀書〔於〕軒中」；「飲〔於〕旅館中，解金置〔於〕案頭」；「秦
始皇大怒，大索〔於〕天下」。末了兒，還得說一說「曰」的主語常常省去，
有時連「曰」都省去了，如「孟子曰：『許子必種粟而後食乎？』〔陳相〕曰：
『然。』〔孟子曰：〕『許子必織布而後衣乎？』〔陳相〕曰：『否，許子衣褐。』
〔孟子曰：〕『許子冠乎？』〔陳相〕曰：『冠。』……」〔註1〕

以上說的三點：語詞的變性跟活用很普遍，句子裏各部分的次序跟現代
口語有些差別，句子裏各部分的省略，都是文言的文法方面的事兒。咱們熟
習的是現代的語法，對於文言裏那些特殊的文法，第一要處處咬實，不讓滑
過，才可以得到確切的瞭解。第二要熟習那些文法，像熟習現代的語法一樣，
閱讀的時候才可以順流而下，不生障礙。

看文言跟現代口語的同異，第三個方面是虛字。這可以說大多數全不相
同，得逐個逐個的學。因爲全不相同，必須深切的體會，知道某一個虛字在
某種場合跟現代口語裏的某一個語詞相當，進一步，必須熟習那些虛字，念
下去就能夠正確的通曉，才有用處。要知道某一個虛字跟現代口語裏的某一

〔註1〕從開始談文言跟現代文的區別到這兒，全都摘錄的開明書店版《開明文言讀
　　　本》第一冊導言裏的話。那篇導言是呂叔湘先生寫的，對於學習文言很有幫
　　　助，這兒不能全錄，希望同學們自己去找來看。最近那篇導言印了單行本。

個語詞相當，查字典是一種辦法。如果能夠收集若干句子來看某一個虛字的用法，那就更好。字典下一個定義作一條注解就是這麼來的，附列的例句可往往只有一句兩句，讀者自己收集若干句子在一塊兒來揣摩，更可以把所謂某種場合的情況認的眞，不只是受動的記住。文言裏常用的虛字也不太多，不過一兩百個，每個虛字可往往不止一個意義，一種用法。能照前面說的方法做，把一兩百個常用的虛字的每個意義每種用法（不管那些生僻的）都認的眞，同時也就熟習那些虛字了。當然，字典還是可以查，人家也不妨請教。〔註2〕

　　辨別文言跟現代口語的同異到了家，在現代文的寫作方面也多少有些好處。咱們寫的是現代文，依據的是現代口語，最後的目標在寫的純粹，能夠上口，能夠入耳，一部分寫作的人沒有顧到純粹不純粹的問題，過去的教養跟平時的閱讀又離不開文言的影響，寫起文章來就不免亦文亦白，不文不白。這樣的文章只能看，不能說，不能聽，親切的感覺多少要減少一部分。固然，現代口語要求它盡量豐富，可以從多方面去吸收。文言也是可以吸收的一個方面，只要行得開，大家說得慣就成。語詞如「醞釀」，語式如「以……爲……」，本來是文言成分，現在都轉成口語成分了。但是，文言成分裏頭有決不能轉成口語成分的，譬如文言連詞「則」，現在在文章裏用得相當廣了，可還沒有人在談話或者演說的時候用過，可見這個「則」沒法兒吸收。硬把沒法兒吸收的吸收過來，收不到豐富語言的功效，倒發生了語言不純粹的毛病。唯有認清楚語言發展的情況以及文言跟現代口語的同異，才不至於發生這樣的毛病。再說，咱們現在還不能廢掉漢字不用，但是爲了種種的理由，將來總得廢掉漢字，改用標音的新文字。用了標音的新文字，寫一些不能說不能聽的文章，那時連作者自己也會看不懂自己昨天寫的文章的，何況叫別人看。爲給將來改用新文字鋪平道路起見，咱們現在就得有意識的把文章寫得純粹。寫純粹的口語，能說又能聽──單就文體來說，這樣的文章才是名副其實的現代文。

　　關於語文學習方面的話到這兒爲止。我們在前面說過，編選這個本子的時候也有思想政治的標準，希望同學們掌握住標準，眞正做到批判的接受。至於語文學習方面，這兒不過說個大概，舉些例子，希望同學們自己去類推。

〔註 2〕《開明文言讀本》的導言裏收集一百五十多個常用的虛字，按照字典的方式，
　　　　說明意義，並且附列例句，極便於檢查。

不單在閱讀這個選本的時候，就是閱讀其他文言的東西也隨時留意。臨了兒，我們重複「現代文之部」的序文裏說過的，「請不要忘了一年之後估量自己的成績。」

一九五零年四月，葉聖陶

目　錄

田功論（顧炎武）

與楊明遠書（徐枋）

促織（聊齋誌異）

四庫全書總目提要史部正史類一則

密陳夷務不能歇手片（林則徐）

天演論譯例（嚴復）

駁康有爲論革命書（章炳麟）

詩

詩衛風氓

詩豳風東山

古辭陌上桑

古詩爲焦仲卿妻作

杜甫新安吏

杜甫洗兵馬

杜甫前出塞（九首）

杜甫後出塞（五首）

白居易新樂府（錄四首）

　　　西涼伎

　　　繚綾

　　　賣炭翁

　　　鹽商婦

　　本書的特色，在葉聖陶的序中有相當詳盡的介紹，選文的標準，在「有愛國思想的，反封建迷信的，抱著正義感，反抗強權的，主張爲群眾服務的，就思想方法說，邏輯條理比較完密的，我們才選它。」此外，即使以所選文章本身的文學價值而論，以至歷代作品的比例，這選本都算是堪符人意的。

（十）

《新編大一國文選》

編者：郭紹虞、吳文祺、章靳以

出版：上海商務印書館

出版日期：一九五〇年八月（北京圖書館藏）

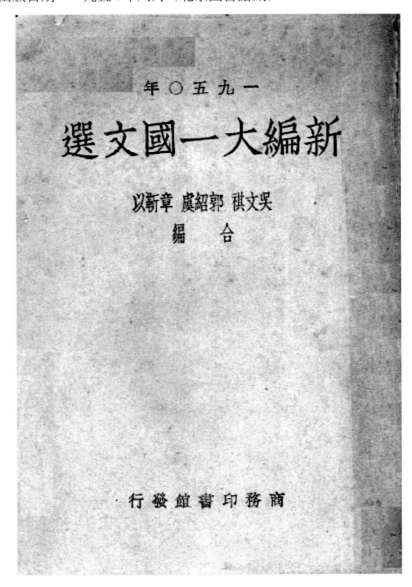

商務印書館 1950 年版

目　錄

什麼是幸福（高爾內）

打漁殺家

編後記

編後記

這本書是根據去年出版的新編大一國文上下二冊的教學實況和執行教學的教授們意見重新編訂的。刪去的二十篇，留下的九篇，刪去的原因大約有下列三種：

一、和中學課本重複的，

二、文章重複或是篇幅太長不便講授的，

三、失去時效的。

這三種原因還是以第一種原因為最重要，我們努力調查，設法避免，如果仍然有重複的，還請讀者諸位隨時告訴我們。

本書共集文三十二篇，供一年講授之用。在編排的次序上，也設法配合一年中重要的節目。

書中以毛主席的六六文告為首，隨著就是「七一」，這是中國共產黨的紀念日，我們選了《偉大的中國共產黨》，使讀者對中國共產黨有比較全面的認識，再選《榮譽屬於誰的》，這不但是共產黨員應該讀的文章，也是每個新中國人民應該讀的文章。還有一篇《結合》，這是一九四二年寫的一篇知識分子參加革命的小說，由於它的生動，切實，更足以顯映出共產黨員高貴的品質。這篇小說在過去講授中，對大學生的思想切合實際，很發生一些良好的作用。

「八一」是人民解放軍的建軍節，這裡選了四篇作品，從他們的戰鬥，艱苦行軍和生活中反映出人民解放軍非凡的質量和革命英雄主義的具體表現。讀了之後，更可以加深對人民的軍隊的尊敬和熱愛。

「十月十九日」是魯迅先生紀念日。他是中國新文學的導師，也是知識分子的旗手。胡繩先生的文章，恰足以使我們瞭解魯迅先生思想發展的道路，何其芳先生的文章，把魯迅先生的道路和周作人的道路相比，一眼就可以看出哪條路正確，哪條路不正確。之後是魯迅先生三篇作品，這不過是一滴水，《魯迅全集》才是魯迅先生作品的海。

「十一月七日」是十月革命紀念日，我們選了三篇文章，本來有一篇斯大林的《論列寧》，因為中學課本已有，我們不得不割愛。

關於土改，我們選了兩篇文章，這是配合寒假準備參加土改的師生學習的。北方有人說土改是士改，所以我們又選了《論知識分子改造》。

五一是勞動節，我們應該選文來加深讀者的認識，可是我們努力的結果，不是篇幅太長，就是太失時效，不便做爲教材。在這裡我們懇切地請求讀者給我們意見，尤其是關於勞動節的文章，有合宜的請告訴我們，讓我們補上這個缺口。

爲了紀念五四，我們選了胡華先生的文章，這樣可以澄清混亂的思想，使我們對於五四有一個正確和清新的認識。此外我們還特意選了一篇張如心先生紀念李大釗先生的文章。

「六月十八日」是高爾基逝世紀念日，本書選了兩篇他自己體驗生活的短文，還有他的作品《同志》。陳原先生的一篇文章可以看出高爾基怎樣處理語言。

愛倫堡的一篇一九五〇年演講辭，和蘇聯作家給美國作家的一封信，是爲了配合保衛世界和平講授的，因爲時間不確定，所以放在書末。

《什麼是幸福》是一篇非常好的文章，它對於幸福的詮釋和個人幸福與社會幸福的關係都有極正確的見解。在過去的講授中也發生了極好的效果。

《打漁殺家》是中國舊文藝中一篇最完美的作品，無論就思想上、技巧上都是很了不得的，選在篇末，供願講授的應用。

以上我們就內容做一個粗淺的介紹，我們在編選的時候，不但要它做一本較適宜的課本，也要它可以做爲一般人可讀的一本書。我們盡了力量，可是深知還很不夠，我們希望讀者隨時給我們意見，讓我們能夠增補修正。

最後，我們感謝復旦大學中文系全體師生，他們提出寶貴的意見和具體的幫助，才使這本書得以完成。

編者　一九五〇年八月七日

從本書編後記中可以看到，本書是將舊有課本大加刪削的結果。刪削的原因之一是某些作品「失去時效」。新選的作品爲了與「時效」相配，便盡量「配合一年中重要的節目」，於是「七一」建黨紀念、「八一」建軍紀念、魯迅、高爾基的逝世紀念、「五一」勞動節、「五四」運動紀念……便成爲選文的重心。又如魯迅有不少好作品，在此卻特別選了《祝中俄文字之交》，顯然爲「時效」服務的目標凌駕乎語文、文學訓練之上。

（十一）

《大學國文選》

編者：黃華表

出版：珠海書院

出版日期：一九五四年十月

目 錄

第二十三組　柳宗元封建論　黃宗羲原君

第二十四組　曾鞏戰國策目錄序　烈女傳目錄序

第二十五組　王安石上仁宗皇帝言事書

第二十六組　蘇洵權書八　蘇轍六國論

第二十七組　周敦頤太極圖說　張載西銘　朱熹大學章句序　中庸章句
　　　　　　序

第二十八組　王守仁拔本塞源論

第二十九組　歸有光先妣事略　方苞左忠毅公逸事

第三十組　　曾國藩聖哲畫像記　歐陽生文集序

第三十一組　詩　李白四首　王維五首　杜甫十七首　韓愈一首　蘇軾
　　　　　　二首　黃庭堅一首　元好問十首

第三十二組　詞　周邦彥二首　柳永二首　秦觀二首　辛棄疾二首　蘇
　　　　　　軾一首　姜夔二首　王沂孫二首　史達祖一首　張炎二首
　　　　　　吳文英二首　周密一首

　　右選文三十組，六十首，凡四十三家。詩一組，四十首，凡七家。詞一組，十九首，凡十一家。顏曰大學國文選者，適於大學一年級，一年教學之用。又凡大學生以此為自修之範本，亦無不可也。又一年可教之材，盡當本書之半，而倍之者，畀教之者之得以抉擇也。大學國文，初無定本。有之，蓋自部定大學國文選始矣。自其書頒之上庠，十餘年，凡大學一年國文，無不用之矣。顧教之既久，則每覺其書出多人之手，漫無統緒，所謂無編輯中心者，故往往欲求其所以去取之說而不可得。然而又皆以其為部定本也，雖心非之，亦卒無以易之。民國三十五年，國立復旦大學，始嘗試分系自編國文教本。系一教授，系各一編。當是時，余亦濫廁其間，試之者，凡兩年有半。……而當時同嘗試自編教本之人，亦存沒不可知。獨余一人，尚熒然免於難，教授於海隅，卒得繼續嘗試為之，又三年有半而成是編，則可不謂之非其大幸也邪。雖然，方吾人嘗試之初，固未嘗不力求免於無統無說之誚矣。又固未嘗不強為之統，強為之說以成編也。今雖已強而成編，又自信其自為之統，自為之說，而自他人視之，果可以免於無統無說之誚否邪。而他日自視之，又果已為有統有說否邪。今皆不可知。昔者，胡適氏嘗云：自古成功在嘗試。胡適氏打倒孔家店之說，誠悖謬矣。而成功在嘗試，則未可遽非之也。倘吾同志，能攻是編之無統無說，亦如吾人昔之議部定本之無統無說者，

又嘗試爲之而不已，則必將有有統有說之本，適於大學一年國文教學之用，則斷可知矣。鄙人不敏，馨香禱祝之矣。中華民國四十三年秋月珠海書院黃華表記

　　本書編者自謂力求選文「有統有說」，嘗試求其統說，或在於欲兼顧學統、道統與文統，學統道統則選先秦諸子、原道、復性，及於周、張、朱、王，而結於曾國藩之論聖哲，至於文章系統，於體裁則略仿《古文辭類纂》之分論辨、序跋眾類，於源流則選歷代名家，尤以唐宋八家爲重。而寓編者之獨特見解者，如詩則特宗杜甫及元好問，選詞則以南宋爲歸趣。

（十二）

《大學國文》

編者：鍾魯齋

發行者：鍾冠球

出版日期：一九五五年一月

大學國文編例

一、現制大學一年級國文，上下學期共八學分（作文在內），爲各學系共同必修科。本書可作此科之教本，並爲高中大學各級員生參考及自修之用。

二、大學一年級國文教學之要旨，一面完成中學國文教學之目標，一面使學生樹立基礎，爲將來自己進修或進入文科專門研究之準備。換言之，即完成過去，開引將來。本書是爲學生充實國學常識，樹立基礎，以便自修並作專門研究之引端。

三、本書編排自古代而至最近，較注重周秦文學與近代文學。因先秦文學爲吾國學術之淵源，近代文學（尤其是清文學）富於考據數據，較有研究價值。至若漢，魏，六朝之駢儷文學，修習較難，僅選二三篇附補充資料，略示該時代文學之概況。

四、本編所選文章作一種學說或文學示例。每選子書一篇，即補充作者小傳及學說概略。每選論文一篇，即附作者之時代背景及有關之文學或學術趨勢。爲方便教學起見，附以重要注釋。

五、教學法略見下面引言。

六、本書在試用時期，曾幾次易名：始稱「大一國文選」，後加進補充資料，不特爲大一國文課本，且可爲「歷代文選」課本，更名「大學國文選」。最後補充資料大增，其分量超過原選國文，乃易今名「大學國文」。

引　言

一九五一年十月崇基學院成立，編者被聘爲文史系教授兼系主任，至各書局採購大學一年級課本：在商務印書館得傅東華編《大學文選》，分上下兩冊，上冊自現近逆上以訖五代，下冊由唐上溯古初。僅得上冊，內容以一般性之學術文爲主。凡詩詞，駢儷古文辭，但適文科學生用者，概不入選。

（見該書編例）後至集成圖書公司得正中書局印行之部定《大學國文選》，內有論文五十篇，由古代而至清代，白文與注釋分別印行。（注釋尚未出版）爲應一時需要，上學期乃採用商務《大學文選》上冊，下期採用正中《大學國文選》。試用一年，覺得後人文章，常用前人古典，編製次序若由近代至古代，不如由古代而至近代，以是一九五二年度上下兩期課本互調，先用《大學國文選》後用《大學文選》。經驗所得，發覺該兩書雖各有特長，但仍未免有下列缺點。

一，對大一國文教學目標未甚確定，以至選文似漫無標準。

二，對分量方面或未曾實驗教學，以至選材過多篇幅太厚。

三，注釋與白文各成一本，不便教學。（如大學國文選）或附參考資料太多，以至書本過厚，不便攜帶。（如大學文選）

四，《大學文選》多選清文，《大學國文選》多選史記，漢書，三國志等史書之名人傳。似有所偏，而文章類別過少，不易使學生發生新興趣。

本編將該兩書中之論文，擇其優者，復另外選文補充，確定目標，注意編次，講究教法，使注釋與原文聯繫，以便教學。分量與時間配合，以適進度。茲分別說明如次，聊作本書引言。

學生高中畢業進大學一年級，尚有國文四小時，爲諸院系共同必修科，其作用是完成過去，開引將來。原來養成學生用文章敘事說理表情達意之技能，並能讀解古書欣賞中國文學名著，爲部定高中國文之目標。今進大學若此等目標仍未完成，大一應完成之。至大學二年級各學系課程不同，除文科學生繼續修習國文外，其他各系學生對國文變爲選修，是則大一國文課程應使學生明證讀書方法，樹立國學基礎，將來自己進修也可，進文科也可，即爲深一層研究之準備。最低限度都要學生能寫通順文章，並具國學常識，以是編者根據下列原則選擇國文教材。

一、行文通暢，容易誦讀或模仿者，如左傳及唐宋八大家之論文是。

二、議論縱橫，富於學術性，對吾國思想文化有重大影響者。如墨子、孟子、荀子、莊子、列子、韓非子等論文是。

三、作品特長，可代表某時代之文學趨勢，學生修習後可爲將來研究文學史之示例者：如司馬相如，江淹諸人文學，可代表漢魏六朝文。司馬遷史記可代表漢朝歷史家論文。王充論衡可代表學術批評家論文，韓文公，歐陽修諸人之文章可代表唐宋古文家。此外如唐詩，宋詞，元曲，亦爲時代產品，

酌量編入。

　　四、行文章法嚴謹，可爲作文示例者：如王安石《上仁宗皇帝言事書》是。

　　五、能充實歷史智識，與研究國史大有關係者：如馬端臨《文獻通考序》王夫之《秦始皇論》是。

　　六、有關國學常識，對經史子集能作扼要論述者：如紀昀《四庫全書提要總敘》是。

　　七、對研究國學及作文曾作重要啓示者：如戴震《與是仲明論學書》顧炎武《日知錄論文九則》是。

　　八、對近代文學革命曾發生重大影響者：如梁啓超之論文是。

　　除盡量避免學生在初高中曾選讀之論文外，乃以近代爲經，論文爲緯，由上古而至最近，共得四十一篇，體裁有詩、詞、賦、曲、傳、書、序、論、表，及其他。用下列教法去實驗，經三年有餘。

　　一、分析　教學每一篇論文，作下列分析工作：（一）整理，（二）評感。

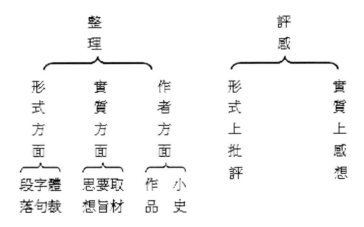

　　上課時將每篇作者之履歷，作品，主要學說，本文大綱，一一提示。用演繹法先講大要，更進分段講述，注意詞句之構造與解釋，並附以評感。

　　二、補充　講授課文時，或橫或縱，補充重要學識，使學生登堂而復入室。如講詩經幾首時，補充詩之六義及全部詩經內容。講書經秦誓，補充書經來原，及典，謨，訓，誥等內容。講左傳補充春秋時列國競爭之大勢，及重要之戰爭。講墨子兼愛篇補充墨子學說及其與儒家不同點。講孟子知言養氣章補充孟子學說概略。講荀子，列子，莊子，韓非子，皆附作者傳略，及

其學說。講屈原之文，補充其他楚辭派之文學。講司馬相如《長門賦》，江淹《恨賦》，補充漢魏六朝之賦家及其重要作品。講李杜之詩，補充唐代著名詩人。講朱熹大學中庸之序文，補充宋明理學之派別。講文章體製，比較書，序，策，論各種文章做法。凡此種種是屬橫的補充。講先秦諸子學，補充兩漢之經學，魏晉之玄學，六朝隋唐之佛學，宋明之理學，清代之考證學。講諸子有理想之文學，補充漢魏六朝之駢儷文學，唐宋至清末之古文學，五四運動後之國語文學，是屬縱的補充。總之將本書所選文章作為論題，隨時補充一切有關之學術，可使學者由約而博。（補充資料附於各篇文章之末）

三、熟習　本書讀法，分精讀及略讀：凡各篇課文，必須精讀，每課有上面所云之分析工作，由教授指定許多練習題：有關作者傳略及作品者，有關全篇大意者，有關各段各節之思想及史實者，有要解釋詞句及字義者，有要背誦或做評感者。學生能回答所有習題，則課文已經習熟。對各篇補充資料，則用略讀法：僅要明瞭大意及重要事實，可以回答教授指定之重要問題。

四、參考　大學行學分制，每一學分，學生上課一小時，課外工作約二小時。除做練習題外，尚有教授指定之參考書，規定由某章某頁讀到某章某頁，並作讀書報告。若圖書室缺乏參考書，不能使學生讀某種書籍時，則囑學生自由閱讀。規定下列讀物範圍：（一）與現讀功課有關係者。（二）可增進國學常識者。（三）讀基本國學書籍，如四書，五經，諸子等。（四）文言文之模範文章。（五）合乎自己興趣者，如小說及報章雜誌論文。閱後摘要報告。

五、考試　每學期除平常口試或筆試外，尚有期中考試（半學期考一次）學期考試。其作用：（一）分別優劣。試題難度不等，使劣等學生不至得零分，最優學生，得不滿百分。成績分配，接近常態。（二）獎勵用功。試題頗多，是用論文式（舊式）及客觀式考試法編成，根據測驗學原則，使此種考試有點真實性，可靠性，及客觀性，考試時難於作弊，用功學生一定有較好成績，懶惰學生無僥倖可博。

學生平日備三種練習簿：（一）作課內筆記，凡在上課時講述者，詳為記錄。（二）作課外答案，將教授指定練習題一一回答。（三）閱讀報告，由教授指定或自由閱讀之課外讀物，每禮拜有一定分量，宜作報告，教授得隨時取閱，審查學生勤惰。至期中考試及學期考試時，學生即繳進此三種練習簿，作教授評定成績之參考。

　　總之大學一年級爲一般學生學習國文之結束，同時亦爲文史系學生專門研究之開端。此時宜練習讀書方法，充實國學常識，增進寫作技能，熟讀本書及教授隨課指定之參考書。教者若能誨人不倦，學者又能聞一知十，希望本書修完，目標可達。惟文章又如煙埃，編述限於篇幅。（如詩經僅引幾首詩，楚辭不引離騷而引涉江，六朝文僅引江淹恨賦等，皆因篇幅所限之故）難免選材不精，注釋欠備，尚希高明者有以教正。是爲引。

　　又者本書之編，得鍾應梅，謝扶雅，程綏楚諸先生，隨時供貢寶貴意見，特附筆致謝。

鍾魯齋誌於香港崇基學院　一九五五年一月

大學國文　目次

二一　杜甫哀江頭　附「杜甫傳略」

二二　白居易琵琶行　附「白居易傳略」

二三　白居易畫竹歌　附「唐詩概略」

二四　歐陽修胡先生墓表　附「歐陽修傳略」

二五　王安石上仁宗皇帝言事書　附「安石傳略及其變法」

二六　蘇軾擬校正陸贄奏議上進箚子

二七　蘇軾書王定國所藏煙江疊嶂圖　附「蘇軾生平及其詩詞」

二八　詞　李煜、柳永、蘇軾、周邦彥、辛棄疾　附「宋詞概略」

二九　朱熹大學章句序　附「朱熹傳略」

三十　朱熹中庸章句序　附「道學概略」

三一　散曲　關漢卿、白樸、馬致遠、喬吉　附「元曲略述」

三二　馬端臨文獻通考序　附「史書概略」

三三　顧炎武日知錄論文九則　附「清代學術概略」

三四　王夫之秦始皇論　附「作者傳略」

三五　全祖望萬貞文先生傳　附「清代史學及官修典籍」

三六　戴震與是仲明論學書　附「經書概略」

三七　姚鼐復魯絜非書　附「清朝文學述略」

三八　汪中釋三九　附「作者傳略」

三九　紀昀四庫全書提要總敘　附「子書概要」

四十　梁啓超論中國佛學之特色　附「佛學簡史」

四一　章炳麟文學論略　附「由文言文學至國語文學」

　　本書編者自序編例及選文經過甚詳。所選文章，尚稱平正。又引言中詳述此科之課程設計，有助於認識崇基學院在創立初期的教學情況。

（十三）

《南洋大學基本國文》

編者：佘雪曼

出版：香港友聯出版社

出版日期：一九五六年三月

編選例言

　　一　本書為大學一年級國文教本，配合南洋大中學生之國文程度，選輯各時代之代表作品，凡五十六篇。其中加星號者二十四篇，可供本大學先修班、本大學入學考生及高中三年級學生自修之用。

　　二　本書教材，注重「知」「能」「養」三方面之平均發展：「知」的方面，在瞭解中國本位文化及中國文學之特殊精神；「能」的方面，在能欣賞歷代文學作品之體裁、風格，吸取滋養，增進自己寫作之能力；「養」的方面，在培育高尚品德，發揮民族精神，並養成愛國家、愛民族、愛人類之觀念。

　　三　本書選材，注重有內容、有情致、有條理，切合大學青年寫作上之實際需要。

　　四　本書選材，由淺入深，始自當代，上溯周秦，共分九組。每組範文，則以作者時代之先後為序。

　　五　本書選錄近人文辭，但及死者；如其人尚存，其文雖工，亦不入選。

　　六　本書有未盡善處，俟後修訂，並加注釋，作為本大學一年級國文教材之定本。

　　七　本書係寄往香港匆匆付印，字句標點及編排形式，未經編者校閱，疏謬之處，在所不免，倘蒙賢達惠予指出，實深感幸。

　　　　　　　　　　　　　　　佘雪曼　一九五六年三月新加坡

當代

　　　　章炳麟：論散文駢文各有體要

　　　　梁啓超：「知不可而為」與「為而不有」主義

　　　　王國維：詞之境界

　　　　魯　迅：藤野先生

　　　　朱自清：溫州的蹤跡

清代
    ★顧炎武：初刻日知錄後序
    魏　禧：寄兄弟書
    姚　鼐：與劉海峰先生書
    汪　中：漢上琴臺之銘
    ★曾國藩：聖哲畫像記
    李慈銘：越縵堂日記

元明
    王實甫：西廂記哭宴
    宋　濂：送天台陳庭學序
    ★王守仁：教條示龍場諸生
    歸有光：花史館記

宋代
    ★歐陽修：豐樂亭記
    ★司馬光：通鑑赤壁之戰
    蘇　軾：放鶴亭記
    ★李清照：金石錄後序
    朱　熹：大學章句序
    ★詞六首：柳永：雨霖鈴　蘇軾：念奴嬌　周邦彥：六醜　李清照：
           聲聲慢　姜夔：揚州慢　岳飛：滿江紅

唐代
    王　勃：秋日登洪府滕王閣餞別序
    王　維：山中與裴迪秀才書
    ★韓　愈：殿中少監馬君墓誌
    ★柳宗元：論語辯
    ★白居易：與元九書
    ★詩八首：張若虛：春江花月夜　王維：歸輞川作　李白：將進酒
          杜甫：北征　劉長卿：尋南溪常道士　白居易：長恨歌
          杜牧：江南春　李商隱：馬嵬

南北朝
    ★范　曄：後漢書郭太傳
    ★劉義慶：世說新語——管寧割席　小時了了　新亭對泣　未能忘情

木猶如此　東廂坦腹

謝　朓：文選序

劉　勰：文心雕龍神思

酈道元：水經注　江水

★顏之推：勉學

魏晉

★曹　丕：典論論文

曹　植：贈白馬王彪並序

陸　機：弔魏武帝文序

★陳　壽：三國志諸葛亮傳

陶　潛：飲酒詩五首並序

漢代

司馬相如：長門賦

賈　誼：陳政事疏

★司馬遷：史記淮陰侯列傳

★班　固：漢書李陵傳

★許　慎：說文解字序

蔡　邕：郭友道碑

古詩十九首

樂府歌辭：戰城南　陌上桑　東門行　有所思

周秦

★詩　經：氓　東山　陟岵　蓼莪

左　傳：季札觀樂

★論　語：論孝　論仁

孟　子：論舍生取義

★莊　子：秋水篇

★韓非子：定法篇

墨　子：兼愛篇

★屈　原：九歌湘君、湘夫人

李　斯：諫逐客書

此書選文，由當代上溯周秦，除當代作品頗嫌不足之外，古代作品均屬名篇。

（十四）

《古代漢語》

編者：王力（主編）

出版：北京中華書局

出版日期：一九六二年九月

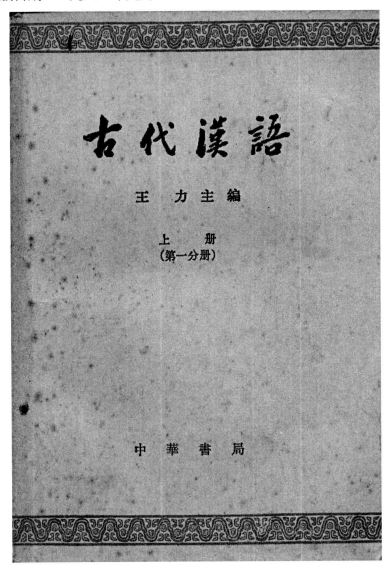

中華書局 1962 年版

序

　　古代漢語這一門課程，過去在不同的高等學校中，在不同的時期內，有種種不同的教學內容。有的是當做歷代文選來教，有的是當做文言語法來教，有的把它講成文字、音韻、訓詁，有的把它講成漢語史。目的要求是不一致的。

　　經過 1958 年的教育革命，大家進一步認識到教學必須聯繫實際，許多高等學校都重新考慮古代漢語的教學內容，以爲它的目的應該是培養學生閱讀古書的能力，而要達到這個目的，必須既有感性知識，又有理性知識。必須把文選的閱讀與文言語法、文字、音韻、訓詁等理論知識密切結合起來，然後我們的教學才不是片面的，從而提高古代漢語的教學效果。至於漢語史，則應該另立一科：漢語史是理論課，古代漢語是工具課，目的要求是不相同的。

　　北京大學在 1959 年進行了古代漢語教學的改革，把文選、常用詞、古漢語通論三部分結合起來，取得了較好的教學效果。此外還有許多高等學校都以培養閱讀古書能力作爲目的，改進了古代漢語的教學。

　　北京大學 1959 年度的古代漢語講義只印了上中兩冊，1960 年經過了又一次改革，另印了上中下三冊，都沒有公開發行。講義編寫主要由王力負責，參加工作的有林燾、唐作藩、郭錫良、曹先擢、吉常宏、趙克勤、陳紹鵬。此外，北京大學中國語言文學系語言專業 1957 級同學也參加了 1960 年度的古代漢語中下兩冊的文選部分的編寫工作，研究生陳振寰、進修教師徐朝華也參加了上冊的部分編寫工作。

　　1961 年 5 月，高等學校文科教材編選計劃會議開過後，成立了古代漢語編寫小組，決定以北京大學古代漢語講義爲基礎並參考各校古代漢語教材進行改寫，作爲漢語言文學專業的教科書。編寫小組集中了北京大學、北京師範大學、中國人民大學、南開大學、蘭州大學古代漢語教學方面一部分人力，分工合作，進行編寫。

　　本書除由主編王力負責全盤工作外，編寫小組內部再分爲文選組和常用詞通論組。文選組由蕭璋負責，常用詞通論組由馬漢麟負責。具體分工如下：

文選部分執筆人：

　　　蕭璋（北京師範大學）　　劉益之（中國人民大學）

　　　許嘉璐（北京師範大學）　　趙克勤（北京大學）

常用詞部分執筆人：

王　力（北京大學）　　　吉常宏（北京大學）
通論部分（包括緒論及附錄）執筆人：
　　馬漢麟（南開大學）　　　郭錫良（北京大學）
　　祝敏徹（蘭州大學）

　　編寫小組的任務是艱巨的。北京大學的講義只是初稿，距離公開出版的要求尚遠。這次幾個學校的同志在一起合作，除了肯定文選、常用詞、通論三部分結合的總原則以外，一方面充分利用了北京大學原有的成果，另一方面又在很大程度上加以必要的修改和補充。文選部分更換了一些篇目，重寫了解題和說明，特別是在注釋方面作了很大的變動。常用詞部分變更了一些體例和解釋，並且隨著文選的更換而改變了詞條的次序。通論的章節和內容也都作了很大的變動。

　　每一篇稿子都經過組內討論，組外傳觀並簽注意見，最後由主編人決定。有些比較重要的問題還經過全體討論。我們自始至終堅持了這種討論方式；我們認為這樣做可以集思廣益，更好地貫徹百家爭鳴的精神和發揮集體主義精神，從而進一步提高了書的品質。

　　1962 年 1 月，上冊討論稿出版。在這個時候，召集了座談會，出席者有丁聲樹、朱文叔、呂叔湘、洪誠、殷孟倫、陸宗達、張清常、馮至、魏建功諸先生，姜亮夫先生也提出了詳細的書面意見。會議共開了一個星期，主要是討論上冊的內容，但最後也對中下冊的內容交換了意見。

　　上冊討論稿分寄各高等學校和有關單位後，陸續收到了回信。有些是集體的意見，有些是專家個人的意見。

　　從 1962 年 1 月下旬起，我們開始進行上冊的修訂工作，同時考慮到，上中下三冊應該壓縮為上下兩冊，以便更適合於教學計劃的要求。體例上也作了改動，把文選各篇的說明移作注解，或逕行刪去，我們的修訂工作除充分地吸收專家們和各校的意見，進行必要的修改外，還趁此機會再深入發現問題，改寫了不少的地方，上冊增加了一個單元，其他單元也進行了部分的改寫。因此，直到同年 7 月底，才算把上冊修訂完畢。

　　本書全稿曾請葉聖陶先生審閱。

　　總起來說，這一本《古代漢語》上冊已經四易其稿。我們知道其中的缺點還是很多的；如果有若干成績的話，那是和黨的領導分不開的，也是和全國專家們以及擔任古代漢語的教師同志們的鼓勵和幫助分不開的。我們編寫小組雖然只有九個人，但是這一本書的編成，則有千百人的勞動在內。我們

謹在這裡向曾提寶貴意見的專家們和同志們表示深切的謝忱。

最後，我們希望讀者特別是從事古代漢語教學工作的同志們隨時不吝賜教，讓我們能夠根據廣大群眾的意見來修訂這本書，使它逐漸趨於完善。

王力　1962 年 7 月

凡　例

一、本書包括三個內容：1．文選；2．常用詞；3．古漢語通論。這三個內容不是截然分離的三個部分，而是以文選爲綱，其他兩部分跟它有機地結合在一起的。因此，在安排這些內容的時候，不但要照顧縱的方面的系統性，即三者本身特別是文選的系統性，而且要照顧橫的方面的系統性，即三者之間結合上的系統性。在常用詞和通論的縱的方面系統性顯得不夠的地方，常常是爲了照顧橫的方面的系統性和文選的縱的方面的系統性，因爲三部分的密切結合是這一部教材的特點。有必要指出，所謂三部分密切結合，也不是強求三者處處機械地相結合。如果勉強那樣做，勢必多所遷就，結果會破壞了三者本身特別是文選的系統性。

二、本書分爲上下兩冊，每冊分爲七個單元，每一個單元都包括文選、常用詞、通論三個部分。

三、文選的次序安排，大致是既按時代，又按文體，有的還照顧到由易到難、循序漸進的原則。上冊選的基本上是先秦時代的作品；下冊選的是漢魏南北朝唐宋元的作品。上冊先列《左傳》、《戰國策》，次列《論語》、《禮記》及諸子，後列《詩經》、《楚辭》。下冊先列散文，次列駢體文、辭賦，後列詩歌。

四、對於重要著作和重要作家，前面都有簡單的介紹。

五、注釋一般採用傳統的說法。其中有跟一般解釋不一樣的，則注明「依某人說」。但不兼採眾說，以免增加學生負擔。特別是避免客觀主義，如說另一解釋「亦通」。教員如不同意這一解釋，可以採取別家的說法。

六、本書注釋遇著的確難懂的地方就承認它不好懂，姑且援引一說以供參考，或者注「疑有誤字」、「疑有衍文」等，不勉強解說，以免牽強附會。

七、本書不作煩瑣的考證。有些明顯的錯字就根據其他版本或後人的校訂改了，但對傳誦較廣的經書，雖經後人校訂，而無其他版本可據，則不改。有時候，由於版本不同而字異，改不改無關重要，也不改。無論是哪一種情況，都在注中略加說明。

　　八、本書解釋詞義，指的是那詞本身固有的意義，而不是從上下文猜測出來的意義。如果在本文中必須解釋得更靈活一些才能使學生更容易瞭解，就用「等於說」、「指」、「這裡指」等字樣，指出那詞在這樣語言環境可以這樣瞭解的意義，並且一般都先注出那詞本身固有的意義。這表示，那詞在這裡所有的意義是在它的固有意義的基礎上產生的，而且到了別的語言環境就不再具有這種意義。

　　九、有些詞語是一般注釋家所不注的，為了便利初學起見，凡是跟現代漢語距離較遠的，我們都注上了。下冊隨著學生古文水平的提高，注釋逐漸減少。

　　一○，在注釋中，我們特別注意關於語法的說明。這樣，文選部分可以跟通論部分更密切地結合，而且可以補充通論之所不及。不過也不能注得太繁了，教員遇必要時還可以加以適當的補充。

　　一一、本書注釋的術語不用文言，例如不說「怒貌」而說「發怒的樣子」，不說「猶言」而說「等於說」。對於詞語的解釋，力求用跟古代漢語相當的現代漢語。只有在找不到合適的現代漢語詞句來解釋的時候，才酌用淺近的文言。對於句子的串講，也盡量用跟原句語法結構相同或相近的現代漢語。如不可能則意譯，用「大意是」標出。

　　一二、上冊的常用詞大致是以《春秋三傳》、《詩經》、《論語》、《孟子》、《莊子》書中出現十次以上的詞為標準，而予以適當的增減。減的是人名、地名和本書文選中不出現的詞，以及古今詞義沒有差別的詞，增的是古今詞義差別較大而又相當常用的詞。下冊的常用詞一部分也是先秦的常用詞，另一部分是漢魏南北朝的常用詞。至於唐宋以後產生的新詞，則不再收錄。

　　一三、常用詞的次序安排，盡可能做到以類相從。但是，由於照顧到跟文選相配合，同類的詞可以在不同的單元中出現。書後另附檢字表，以便檢查。

　　一四、每一單元所收常用詞在 60～80 之間。這些詞必須是在文選中出現過的。但是它們的詞義有些可以是後面的文選中才講到的，甚至有些（極少數）是本書的文選所講不到的。

　　一五、常用詞一般只收單音詞。雙音詞和詞組酌量收一些（極少數），附在單音詞後面。

　　一六、在常用詞之中，我們也只收常用的意義。不常用的意義，特別是僻義，因為實踐意義不大，學生可以暫時不掌握它們。

一七、一個詞有兩種意義以上者，先講本義，再講引申義。《說文》中所講的本義有些是不可靠的，所以這裏所講的本義不一定跟《說文》符合。在講本義時，也不指明是本義，學生可以自己領會。有時候，《說文》所講的本義並不錯，但是由於不是常用的意義，我們也就不講了。

一八、引申義分爲近引申和遠引申兩種。近引申義只附在本義（或它所從出的意義）後面，不另立一種意義，遠引申義則另立一種意義。假借義也另立一種意義。

一九、我們是用現代漢語解釋古代漢語，而不是用古代漢語解釋古代漢語。例如「往」被解釋爲「去」，意思是說古代的「往」等於現代的「去」，不是說古代的「往」等於古代的「去」。凡遇古今詞義相等時，則以本字釋本字。例如「來」被解釋爲「來」，意思是說古代的「來」等於現代的「來」。

二〇、古今差別較大的詞義，加⊙號以喚起注意。

二一、在常用詞中，凡遇後起的意義都注明「後起義」字樣。凡未注明「後起義」的地方，即使舉了後代的例子，這個意義也是繼承上古的。

二二、常用詞舉例盡可能舉文選中已經讀過的或將來會讀到的。舉已經讀過的，可以總結已知的詞義，舉將要讀到的，可以先打一個基礎。對於本書文選中所沒有的例子，必要時加以適當的解釋。

二三、每一種詞義不一定只舉一個例子。對於古今詞義差別較大的地方，往往多舉一兩個例子，表示這個意義在現代雖然消失了或罕見了，但它在古代卻是常見的。

二四、詞義和語法有一定的聯繫，常用詞部分解釋詞義，有時也談某些語法現象，以便更好地瞭解詞義。

二五、對於某些義近的詞，另立詞義辨析一項，以〔辨〕爲標識。如果近義的兩個詞分別在兩個單元中出現，就等它們全都出現後再進行詞義辨析。如果是兩個以上的詞，就不一定等它們全都出現。有些詞，由於它們的詞義跟現代漢語沒有什麼差別，在常用詞中沒有爲它們另立詞條，但是在詞義辨析中仍舊拿來跟義近的詞作比較，這樣對於古代詞義的掌握，是有更大的好處的。

二六、通論不都是系統性的理論，其中有些是學習古代漢語所必備的基本知識。通論所涉及的範圍很廣，但是盡可能做到只講最基本的東西。

二七、通論大致包含六方面的知識：

（1）關於字典及古書注釋的知識。這些知識是學生開始接觸古代漢

語原始材料時所必須具備的。

（2）關於詞彙方面的知識，其中包括文字學的知識，訓詁學的知識，名物典章制度的基本知識等。

（3）關於語法方面的知識。

（4）關於音韻方面的知識，主要是說明詩騷用韻問題，詩詞曲的聲律問題。

（5）關於修辭的問題以及古書句讀、古文結構等問題。

（6）關於文體的特點問題，主要是講賦的構成和駢體文的構成。

二八、通論的次序安排，依照下面的兩個原則：

（1）循序漸進的原則。例如剛開始時先教學生怎樣查字典辭書，怎樣辨別古今詞義的異同，然後講文字學的基本知識和語法上的主要問題，等等。

（2）配合文選的原則。例如在文選講到詩經時，通論就講詩經的用韻，在文選講到賦和駢體文時，通論就講賦的構成和駢體文的構成。在文選講到唐詩、宋詞、元曲時，通論就講詩律、詞律和曲律。

二九、文字學主要是講字形和字義的關係。只是舉例說明，不是逐字分析。

三〇、語法只講古今語法差別較大的地方。虛詞只講一些重要的和常見的。所講的虛詞也只講它們的一般用法。其餘的虛詞和其餘的用法則在文選的注釋中隨時講解。

三一、關於名物典章制度，只是把它作為一個重要的問題提出來加以強調，引起學生的重視。這種知識要靠長期積累，不是短時間就能充分掌握的。因此，這一部分力求簡要。

三二、通論舉例，盡可能從已讀的文選中舉出，也可以舉將來才讀到的文選中的例子。有時候，某一個問題必須加以說明，而本書文選中沒有合適的例子可舉，也可以從古書中另找一些易懂的例子（極少數）。

三三、通論不能講得太多太細，每冊後面都有若干附錄，以供學生要求深入者參考。

由於秋季開學期近，本書趕印一部分以供各校需要，上冊暫分為兩個分冊出版。第一分冊共有四個單元；第二分冊共有三個單元及四個附錄和常用詞檢字表。教學參考意見本應附在書的最後，現在暫排在凡例的後面。

教學參考意見

「古代漢語」是一門工具課，教學方法特別重要。這一部教材是根據一定的教學原則來編寫的。現在我們根據一年以來，北京大學、北京師範大學、中國人民大學「古代漢語」的教學經驗，提出幾條教學原則來，供使用這部教材的教師同志們參考。

（一）本書分上下兩冊，共十四個單元。如果教學計劃規定「古代漢語」講授兩個學期，則每學期用一冊。如果是三個學期，則每學期約講五個單元，第四學期講四個單元，最後留一段時間進行總複習或者進行一段實習。如果是四個學期，進度大致與三個學期的一樣，到第四學期則選讀原著，並用原有的注疏，不加標點，進行實習（包括標點分段，用現代漢語注解、翻譯等）。

（二）文選比通論占的時間要多些，或者各占一半的時間。常用詞不需在堂上講授，只須在開始時講一講常用詞部分的體例，然後由學生自己閱讀。考試和考查，則須包括文選、常用詞、通論三部分。

（三）在安排進度時，要保留百分之二十五到百分之三十的時間進行習題課。習題課主要是環繞正課，鞏固課堂所講授的知識。習題要多樣化，如翻閱工具書，翻閱古注，語法練習、常用詞練習、文言譯白話、白話譯文言、詩詞曲律練習，等等。我們在書中沒有附習題，因爲我們在這方面的經驗還不夠。希望以後匯總各校的經驗，再考慮附入。

（四）文選分爲講讀和閱讀兩種，講讀約占四分之一或稍多，閱讀約占四分之三或稍少。每一單元都必須有講讀，有閱讀。考試時，對講讀部分與閱讀部分應有不同的要求；但作習題時應包括這兩部分。書中沒有標出哪些篇是講讀的，哪些篇是閱讀的，是讓各校有較大的選擇自由。

（五）文選的講授以解釋詞句爲主。必須做到學生對文中的詞句的意義都懂透了，切忌不求甚解。適當的串講是必要的，否則學生每個詞都懂了，也還不能把意思連貫起來；但篇幅較長而文字較淺的也可以不串講。每段的大意，我們沒有寫在書中，全文的中心思想，我們也只在篇幅較長或文意較晦的作品裏，作了簡單的介紹（見第一段的第一注），這都是讓教師同志們有自由發揮的餘地。關於作者的介紹和書的解題可以不講，因爲書中已寫了，學生可以自己看。分析批判，可以講一些，也可以不講。講時亦不宜多占時間（最多不超過六分之一的時間），要避免把這個工具課講成作品分析。

（六）可以適當地要求學生背誦若干篇章，至少是鼓勵熟讀其中一部分。古文不熟讀，必然會影響教學效果。

（七）通論原則上每篇都要講。但也不是逐句逐段地講，而是重點地講。估計學生不容易懂的地方要詳細地闡發，相反地。某些部分可以簡單地交代過去，讓學生自己閱讀。

（八）課外作業和課外輔導也是重要的教學環節。大約兩周留作業一次，教師認真批改。每周輔導一次，或個別，或集體。時間與次數不是硬性規定的，各校可以靈活掌握。

（九）有些學校雖然贊成文選、常用詞、通論三結合的原則，但又分開來教，例如甲教師擔任文選，乙教師擔任通論。我們認為這個辦法不很好。我們覺得，即使是兩人以上共同擔任一門課，最好還是通力合作，而不是把文選與通論截然分開。至於有人主張先講完全部文選再講通論，或先講完全部通論再講文選，那就變成了兩門課。更不合適了。

我們的經驗很不夠，上述的九項原則不敢說都是好的經驗；而且各校的具體經驗也不一樣，不能膠柱鼓瑟。希望各兄弟學校擔任「古代漢語」課的教師同志們創造更好的教授方法，積累更好的經驗。

目　錄

　　　　馮諼客孟嘗君　　趙威后問齊使
　　　　江乙對荊宣王　　莊辛說楚襄王
　　　　魯仲連義不帝秦　　觸讋說趙太后
　　常用詞（二）
　　古漢語通論：（五）漢字的構造
　　　　　　　　　（六）古今字，異體字，繁簡字

第三單元

　　文選：論語

　　　　　　學而　　爲政　　里仁
　　　　　　公冶長　　雍也　　述而
　　　　　　泰伯　　子罕　　鄉黨
　　　　　　先進　　顏淵　　子路
　　　　　　憲問　　衛靈公　　季氏
　　　　　　陽貨　　微子　　子張

　　　　　禮記

　　　　　　有子之言似夫子　　戰於郎
　　　　　　苛政猛於虎　　　　大同
　　　　　　教學相長　博學　　誠意

　　常用詞（三）
　　古漢語通論：（七）判斷句，也字
　　　　　　　　　（八）敘述句，矣字，焉字
　　　　　　　　　（九）否定句，否定詞
　　　　　　　　　（十）疑問句，疑問詞

第四單元

　　文選：孟子

　　　　　　寡人之於國也　　齊桓晉文之事
　　　　　　文王之囿　　　　所謂故國者
　　　　　　夫子當路於齊　　許行
　　　　　　攘雞　　　　　　陳仲子
　　　　　　弈秋　　　　　　舜發於畎畝之中

　　　常用詞（四）

　　　古漢語通論：（十一）詞類的活用

　　　　　　　　　　（十二）人稱代詞，指示代詞，者字，所字

第五單元

　　　文選：墨子

　　　　　　　非攻

　　　　　老子

　　　　　莊子

　　　　　　　北冥有魚　　不龜手之藥

　　　　　　　庖丁解牛　　胠篋

　　　　　　　百川灌河　　莊子釣於濮水

　　　　　　　惠子相梁　　運斤成風

　　　　　　　曹商使秦

　　　　　荀子

　　　　　　　勸學

　　　　　呂氏春秋

　　　　　　　察傳

　　　　　韓非子

　　　　　　　五蠹

　　　常用詞（五）

　　　古漢語通論：（十三）連詞，介詞

　　　　　　　　　　（十四）句首句中語氣詞；詞頭，詞尾

第六單元

　　　文選：詩經

　　　　　　〔國風〕關雎　　　　卷耳　　　　桃夭

　　　　　　　　　　茉莒　　　　北門　　　　靜女

　　　　　　　　　　柏舟　　　　牆有茨　　　相鼠

　　　　　　　　　　氓　　　　　木瓜　　　　黍離

　　　　　　　　　　君子于役　　風雨　　　　伐檀

　　　　　　　　　　碩鼠　　　　鴇羽　　　　蒹葭

　　　　　　　黃鳥　　　無衣　　　月出

　　　　　　　七月

　　　〔小雅〕節南山

　　　〔大雅〕公劉

　　　〔頌〕噫嘻

　　常用詞（六）

　　古漢語通論：（十五）《詩經》的用韻

　　　　　　　　　　（十六）雙聲疊韻和古音通假

第七單元

　　文選：楚辭

　　　　　　離騷　山鬼　國殤

　　　　　　哀郢　卜居　漁父

　　常用詞（七）

　　古漢語通論：（十七）古書的注解（上）

　　　　　　　　　　（十八）古書的注解（下）

　　〔附錄一〕簡化字與繁體字對照表

　　〔附錄二〕漢字部首舉例

　　〔附錄三〕上古韻部及常用字歸部表

　　〔附錄四〕上古聲母分類及常用字歸類表

　　常用詞音序檢字表

　　常用詞筆劃檢字表

第八單元

　　文選：史記

　　　　淮陰侯列傳　魏其武安侯列傳

　　漢書

　　　　藝文志諸子略　霍光傳

　　常用詞（八）

　　古漢語通論：（十九）古代文化常識（一）

　　　　　　　　　　（二十）古代文化常識（二）

第九單元

文選：賈　誼　論積貯疏
　　　鄒　陽　獄中上梁王書
　　　枚　乘　上書諫吳王
　　　司馬遷　報任安書
　　　楊　惲　報孫會宗書
　　　李　密　陳情表

常用詞（九）

古漢語通論：（二十一）古代文化常識（三）
　　　　　　（二十二）古代文化常識（四）

第十單元

文選：韓　愈　答李翊書
　　　　　　送孟東野序
　　　　　　送李愿歸盤谷序
　　　　　　柳子厚墓誌銘
　　　柳宗元　愚溪詩序
　　　　　　答韋中立論師道書
　　　　　　段太尉逸事狀
　　　　　　永州韋使君新堂記
　　　歐陽修　醉翁亭記
　　　王安石　遊褒禪山記
　　　蘇　軾　賈誼論
　　　　　　喜雨亭記

常用詞（十）

古漢語通論：（二十三）古文的文體及其特點
　　　　　　（二十四）古書的句讀

第十一單元

文選：沈　約　謝靈運傳論
　　　陶弘景　答謝中書書
　　　吳　均　與顧章書

　　　　劉　勰　文心雕龍·情采
　　　　　　　　文心雕龍·鎔裁
　　　　蕭　統　文選序
　　　　庾　信　哀江南賦序
　　　　王　勃　滕王閣序
　　常用詞（十一）
　　古漢語通論：（二十五）駢體文的構成（上）
　　　　　　　　（二十六）駢體文的構成（下）

第十二單元

　　文選：賈　誼　弔屈原賦
　　　　揚　雄　解嘲
　　　　劉　伶　酒德頌
　　　　陶　潛　自祭文
　　　　孔稚珪　北山移文
　　　　江　淹　別賦
　　　　庾　信　春賦
　　　　李　華　弔古戰場文
　　　　韓　愈　進學解
　　　　　　　　子產不毀鄉校頌
　　　　劉禹錫　陋室銘
　　　　杜　牧　阿房宮賦
　　　　蘇　軾　前赤壁賦
　　常用詞（十二）
　　古漢語通論：（二十七）賦的構成
　　　　　　　　（二十八）古漢語的修辭

第十三單元

　　文選：〔兩漢樂府民歌〕
　　　　有所思
　　　　上邪
　　　　孤兒行

隴西行

上山採蘼蕪

〔漢魏六朝詩〕

古詩十九首　行行重行行　庭中有奇樹　迢迢牽牛星

曹　操　步出夏門行（觀滄海）

曹　丕　燕歌行

陳　琳　飲馬長城窟行

曹　植　白馬篇

左　思　詠史（鬱鬱澗底松，吾希段干木）

陶　潛　飲酒（結廬在人境，清晨聞叩門）

　　　　讀山海經（孟夏草木長）

　　　　詠荊軻

謝靈運　登池上樓

鮑　照　擬行路難（瀉水置平地，對案不能食）

謝　朓　晚登三山還望京邑

庾　信　擬詠懷（楚材稱晉用）

〔唐宋五言古體詩〕

王　維　渭川田家

李　白　古風五十九首（大風揚飛塵）

　　　　俠客行

杜　甫　自京赴奉先詠懷五百字

　　　　潼關吏

　　　　新婚別

白居易　秦中吟（輕肥）

〔唐宋七言古體詩〕

王　勃　滕王閣

李　白　蜀道難

　　　　夢遊天姥吟留別

杜　甫　哀江頭

　　　　歲晏行

韓　愈　山石

白居易　長恨歌

蘇　軾　荔支歎
〔五言律詩〕
王　維　輞川閒居贈裴秀才迪
　　　　終南山
　　　　送梓州李使君
　　　　觀獵
李　白　贈孟浩然
　　　　送友人
杜　甫　春望
　　　　天末懷李白
　　　　別房太尉墓
李商隱　蟬
　　　　晚晴
〔五言長律〕
韓　愈　學諸進士作精衛銜石填海
〔七言律詩〕
杜　甫　客至
　　　　登樓
　　　　詠懷古跡五首
　　　　登高
韓　愈　左遷至藍關示侄孫湘
李商隱　安定城樓
　　　　無題（相見時難別亦難）
　　　　馬嵬（二首選一）
蘇　軾　新城道中（二首選一）
　　　　有美堂暴雨
陸　游　觀長安城圖
　　　　夜泊水村
　　　　黃州
〔五言絕句〕
王　維　雜詩

柳宗元　江雪

李　白　夜宿山寺

杜　甫　八陣圖

〔七言絕句〕

李　白　黃鶴樓送孟浩然之廣陵

杜　牧　將赴吳興登樂游原一絕

　　　　泊秦淮

　　　　寄揚州韓綽判官

　　　　金谷園

蘇　軾　飲湖上初晴後雨（二首選一）

　　　　題西林壁

陸　游　十一月四日風雨大作

常用詞（十三）

古漢語通論：（二十九）詩律（上）

　　　　　　（三十）詩律（下）

第十四單元

文選：〔詞〕

李　白　菩薩蠻

　　　　憶秦娥

張志和　漁歌子

王　建　調笑令

溫庭筠　菩薩蠻

　　　　更漏子

李　煜　搗練子

　　　　浪淘沙

柳　永　雨霖鈴

　　　　八聲甘州

　　　　玉蝴蝶

　　　　滿江紅

蘇　軾　江城子（密州出獵）

蝶戀花（密州上元）

水調歌頭（中秋）

西江月（溪橋）

念奴嬌（赤壁懷古）

卜算子（黃州定慧院寓居作）

水龍吟（次韻章質夫楊花詞）

周邦彥　齊天樂（秋思）

蘭陵王（柳）

滿庭芳（夏日溧水無想山作）

西河（金陵懷古）

李清照　如夢令

醉花陰

鳳凰臺上憶吹簫

永遇樂

陸　游　鵲橋仙

訴衷情

謝池春

辛棄疾　摸魚兒（淳熙己亥）

木蘭花慢（席上送張仲固帥興元）

祝英台近（晚春）

八聲甘州（夜讀李廣傳）

賀新郎（邑中園亭）

浣溪沙

滿江紅

永遇樂（京口北固亭懷古）

姜　夔　揚州慢（淳熙丙申至日）

暗香

疏影

吳文英　鶯啼序

〔曲・小令〕

白　樸　陽春曲（題情）

　　　　　馬致遠　　天淨沙（秋思）
　　　　　張養浩　　山坡羊（潼關懷古）
　　　　　　　　　　雁兒落帶得勝令（退隱）
　　　　　張可久　　賣花聲（懷古）
　　　　　張鳴善　　水仙子（譏時）
　　　　　鍾嗣成　　南呂罵玉郎帶感皇恩
　　　　　　　　　　採茶歌（四時佳興〔春〕）
　　　　〔套數〕
　　　　　馬致遠　　雙調夜行船（秋思）
　　　　　睢景臣　　般涉哨遍（高祖還鄉）
　　　　〔雜劇〕
　　　　　王實甫　　西廂記（第四本第三折）
　　常用詞（十四）
　　古漢語通論：（三十一）詞律
　　　　　　　　　（三十二）曲律
　　〔附錄一〕天文圖
　　〔附錄二〕詩韻常用字表
　　〔附錄三〕詞譜
　　〔附錄四〕曲譜
　　〔附錄五〕曲韻常用字表
　　常用詞音序檢字總表
　　常用詞筆劃檢字總表

編後記

　　本書在中國內地的大學中，本用作中文系主修生的教材，可是在香港則為中文大學及其他專上學院用作「大一國文」教科書。本書的設計，在培養學生閱讀古書的能力。本書有一極其成功之處，在於將文選、常用詞和古漢語通論緊密結合。文選部分，是歷代文學作品選。常用詞就文選中選出，特別注意古今詞義有所差別的地方。而古代漢語通論則深入淺出地介紹漢語知識及閱讀古書所需的古代文化知識。本書對後來各種大學國文教科書頗有影響。

（十五）

《大學國文選》

編者：新亞書院中文系

出版：新亞書院中文系

出版日期：一九六三年九月

目　錄

本書選文不按時代編排，大抵略仿姚鼐《古文辭類纂》而編次頗嫌混亂。

（十六）

《大學國文參考資料彙編》

編者：鍾應梅、何朋、鄧仕樑、黃繼持、徐芷儀

發行：崇基學院崇基書店

出版日期：一九六六年

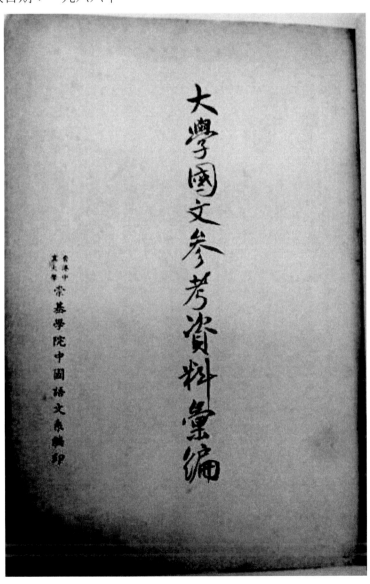

崇基書店 1966 年版

序　例

一、本編乃以配合本系所選授之大學國文諸篇，供諸生參考之需。

二、第一篇，示諸生以習文之途徑。其餘篇目，略依選授大學國文諸篇之次序：如授詩氓兼葭諸篇，則令參讀詩述略。授禮運，則令參讀禮述略。授左傳，則令讀春秋述略。授說文序，則參以小學述略。授秋水、天論諸篇，參以諸子述略。授淮陰黃憲諸傳，參以史學述略。授庾信韓白諸家詩文，則參以文學述略及錢氏談藝諸篇。

三、中國文明，可大可久。此皆聖哲偉業，非由幸致。六藝之教，詩禮爲先。撥亂返正，則貴春秋。本編具述三者，學者沿流討源，庶幾略明體用。

四、近代文章學術，湘潭王闓運、南海康有爲、餘杭章炳麟，其巨擘也。本編所錄章氏諸說，採自孫世揚校錄之章氏國學略說。皆取其簡明扼要，爲初學所能領悟者爲主。湘潭南海、論文論學，往往陳義太高，間不免英雄欺人之語，故付缺如。

五、錢鍾書著談藝錄，融貫中西，時有新議。惜其讀宋以後人筆記詩話文集語錄太多。庸音之染，習而不察。蕪辭害義，往往而有。茲節錄十四則，以便初學。

目　錄

　4 論自然與人工

　5 論妙悟

　6 論文詞失真

　7 論宗派之害

　8 論述與作

　9 譯漢詩之難

10 論心手相應

11 論模仿

12 論樂

13 論六代駢偶之風

14 論文學不宜蔽於時代地域之說

　　本書第一、二、三、四、五、九各篇皆編者鍾應梅所著，配合教科書的範文，提供背景資料，頗便學者。

（十七）

《大學散文精讀》
編者：李曰剛
出版：國立臺灣師範大學國文系
出版日期：一九六九年十月

編輯例言

一、本書篇目，係就往古賢哲暨當今總統蔣公之著述中選取其足以表章中國文化，激發民族精神，鼓舞人性情操之代表作品，而爲自來名家選本所習見又係大專院校國文教材所常用者編輯之。各篇原文，均錄自名刻善本，其有僞文錯簡者，則廣徵其他版本或爲世所公認之有力校勘加以訂正。其段落及標點，亦分別作精審之釐定。

二、全書之前，匯次書錄及作者；每課之後，備列題解、注釋、結構、批評等欄：俾教者既可節省檢抄之勞，學者亦能切實預習，而可提高教學效率，收取自學輔導之效。

三、本書所選歷代範文，各體具備。依姚鼐古文辭類纂及曾國藩經史百家雜鈔之分類，歸納爲三門十五類，分篇標明，俾可明瞭各體之程式及變例。三門十五類之名稱如左表：

分　門	別　　　　類				
著述門	論辨類	箴銘類	頌贊類	辭賦類	序跋類
告語門	詔令類	奏議類	書說類	贈序類	哀祭類
記載門	傳狀類	碑誌類	雜記類	敘記類	典志類

四、本書凡選文百二十篇，包括群經、諸子、雜史、辭賦、專集各方面之重要名作，合爲一編。足供大學二、三年級「散文選」教學之用。

五、本書所選範文較可能實授之篇數約多出一倍。每學期可圈定十五篇爲共同必讀教材，另由教者按照各班組之實際情形，指出十五篇作課外研讀及複習之用。

六、本書出版倉促，疏漏當不在少。尚祈博雅君子惠予諟正，書面通知編者，以便修改，則無任感幸。

目　次

三二、高祖功臣侯年表序（史記）

三三、秦楚之際月表序（史記）

三四、太史公史記自序（司馬遷）

三五、報任少卿書（司馬遷）

三六、報孫會宗書（楊惲）

三七、移太常博士書（劉歆）

三八、爲幽州牧與彭寵書（朱浮）

三九、封燕然山銘並序（班固）

四〇、爲兄超求代疏（班昭）

四一、戒子益恩書（鄭玄）

四二、出師表（諸葛亮）

四三、與朝歌令吳質書（曹丕）

四四、典論論文（曹丕）

四五、與楊德祖書（曹植）

四六、與曹公論盛孝章書（孔融）

四七、登樓賦（王粲）

四八、陳情表（李密）

四九、蘭亭集序（王羲之）

五〇、桃花源記（陶潛）

五一、自序（劉峻）

五二、與陳伯之書（丘遲）

五三、與宋元思書（樊均）

五四、秋日登洪府滕王閣餞別序（王勃）

五五、諫太宗十思疏（魏徵）

五六、春夜宴桃李園序（李白）

五七、大唐中興頌（元結）

五八、師說（韓愈）

五九、祭十二郎文（韓愈）

六〇、圬者王承福傳（韓愈）

六一、送孟東野序（韓愈）

六二、送董邵南序（韓愈）

六三、送李愿歸盤谷序（韓愈）

九三、送東陽馬生序（宋濂）

九四、秦士錄（宋濂）

九五、賣柑者言（劉基）

九六、深慮論（方孝孺）

九七、瘞旅文（王守仁）

九八、教條示龍場諸生（王守仁）

九九、項脊軒志（歸有光）

一〇〇、先妣事略（歸有光）

一〇一、海上平寇記（王愼中）

一〇二、信陵君救趙論（唐順之）

一〇三、藺相如完璧歸趙論（王世貞）

一〇四、與劉一丈書（宗臣）

一〇五、瘞古誌石文（鄒迪光）

一〇六、五人墓碑記（張溥）

一〇七、請進取疏（史可法）

一〇八、祭妹文（袁枚）

一〇九、登泰山記（姚鼐）

一一〇、自序（汪中）

一一一、先母鄒孺人靈表（汪中）

一一二、說居庸關（龔自珍）

一一三、復彭麗生書（曾國藩）

一一四、原才（曾國藩）

一一五、大界墓表（曾國藩）

一一六、中華民國臨時大總統就職宣言（孫文）

一一七、心理建設自序（孫文）

一一八、四維箴並序（唐文治）

一一九、祭黃夫人文（蔡元培）

一二〇、祭總理文（蔣中正）

　　本書選文繁富，並於每篇具列作者、題解、結構、批評，雖間有去取未當，大體稱善，然於近人作品僅選孫文、唐文治、蔡元培及蔣中正，則頗嫌不足。

（十八）

《大學叢書‧現代散文選讀》

編者：常宗豪、鄧仕樑

出版：香港東亞書局

出版日期：一九七一年十二月

前　言

這個選本的出版，目的在配合大學一年級國文教學。舊有的教材，文言文佔了絕大的比重。由於時代的演進，已經不能滿足教學的需要。如何展開一個語體文選的選集工作，自然是有關人士的當務之急。這裡面不但要注意到提高學生學習的興趣，更要求給學生寫作練習打下基礎。我們考慮了，我們動手做了，於是就出現了這個選本。這未嘗不是具有積極意義的更張。時代在前進，我們的中國語文教學也不該落在時代後面才對。

本編選錄的三十八篇散文，都是現代的作品。包括的時代最早不超過梁啓超，最晚的則止於三十年代的臧克家和蕭乾。嚴格來說，前後距離只不過三四十年罷了，但這三四十年卻正是中國的艱難年代，各篇作品多能對當時的時代做出有力的反映。就作品的性質看，可以概括為三類：

（一）屬於文化、思想、學術方面的論文的。

（二）屬於文學論文的。

（三）屬於文學創作的。

我們最初想根據這個原則將各篇作品分類排列，計屬於第一類的有：

1. 甚麼是文化（梁啓超）

2. 論科學研究（陶孟和）

3. 青年與我（李石岑）

4. 國語問題中一個大爭點（劉半農）

5. 談理想教育（林語堂）

6. 贈與今年的大學畢業生（胡適）

7. 給一位文學青年的公開狀（郁達夫）

屬於第二類的有：

1. 古文學（周作人）

2. 文藝的統一（周作人）

3. 我們所需要的文學（鄭振鐸）

4. 風格論（傅東華）

5. 文學賞鑒上之偏愛價值（郁達夫）

6. 關於文學的語言問題（老舍）

7. 學詩斷想（臧克家）

8. 吶喊自序（魯迅）

9. 我怎麼做起小說來（魯迅）

10. 我學國文的經驗（周作人）

屬於第三類的有：

1. 溫州的蹤跡（朱自清）

2. 一封信（朱自清）

3. 扣門（茅盾）

4. 霧（茅盾）

5. 碑（廢名）

6. 賣書（郭沫若）

7. 翡冷翠山居閒話（徐志摩）

8. 死城（徐志摩）

9. 辰州途中（沈從文）

10. 忽然想到（魯迅）

11. 讀經與讀史（魯迅）

12. 世故三昧（魯迅）

13. 閉戶讀書論（周作人）

14. 經書的效用（鄭振鐸）

15. 「雙雙的腳步」（葉聖陶）

16. 論文人（錢鍾書）

17. 擾攘不安的歲月（蔣夢麟）

18. 迷人的北京（蔣夢麟）

19. 做大哥的人（巴金）

20. 魯西流民圖（蕭乾）

21. 從嘉峪關說到山海關（范長江）

　　不過我們也想到：這樣的編排，在教學時便不能照顧到作者風格的評介，為了教學的方便，我們選擇了以作家為主的編排。編排的次第，盡可能按照作家們在當時所屬的文學團體分列。但是，對於一般讀者，我們還是建議他們參照上面按作品性質的分類來順著看，眉目自然較為清楚。至於本書所選有關文化、思想、學術的論文，務求深入淺出，使學生易於理解；有關文學論文，我們是以作者的經驗見解的足資吸取參考為準則；在文學創作的方面所選的作品，有的以形式（文字技巧）勝，有的以內容（反映當時現實）勝。總而言之，這三方面的作品，都可以提供給學生以歷史上、學術上的某些回顧，在學習寫作方面，也希望能取得或多或少的借鏡。

　　在編選的過程中，我們遇到了若干困難，尤其是版本的問題。同一篇文章在不同的本子裏，往往出現很大差異，像老舍的《關於文學的語言問題》一篇，拿作家版的《出口成章》，同廈門大學函授部編的《文學概論參考資料》比對一下，便很容易發覺後者經過刪訂，而我們覺得刪訂後的文章不但沒有使原文變樣，反而比《出口成章》裏的原文暢順，所以我們便選用了後者。其次像巴金的《做大哥的人》，文化生活版和《文集》本也有出入，在修辭上，《文集》本有些地方是凝練了，但好些地方卻似乎減少了原來奔放的氣息。基於我們手頭上的參考資料有限，沒法子每篇文章都多找幾種本子比勘，甚至某些作家的集子難找，我們只好借助於《新文學大系》的選集，凡此種種缺陷，我們希望將來有機會修正。最後，我們得感謝李教授棪齋和鍾主任藥園的督促，而李輝英先生、黃繼持先生在編選時給了我們很多寶貴的意見，我們也一併在這裡致謝。

編者　一九七一年九月

目　錄

忽然想到（魯迅）

讀經與讀史（魯迅）

我怎麼做起小說來（魯迅）

世故三昧（魯迅）

古文學（周作人）

文藝的統一（周作人）

我學國文的經驗（周作人）

閉戶讀書論（周作人）

國語問題中一個大爭點（劉半農）

談理想教育（林語堂）

經書的效用（鄭振鐸）

我們所需要的文學（鄭振鐸）

風格論（傅東華）

溫州的蹤跡（朱自清）

一封信（朱自清）

「雙雙的腳步」（葉聖陶）

叩門（茅盾）

霧（茅盾）

賣書（郭沫若）

給一位文學青年的公開狀（郁達夫）

文藝賞鑒上的偏愛價值（郁達夫）

翡冷翠山居閒話（徐志摩）

死城（徐志摩）

碑（廢名）

辰州途中（沈從文）

做大哥的人（巴金）

關於文學的語言問題（老舍）

學詩斷想（臧克家）

魯西流民圖（蕭乾）

從嘉峪關說到山海關（范長江）

論文人（錢鍾書）

較之以往的大學文選只選五六篇現代文章聊備一格，以至獨立成書的幾種充滿政治味道的現代文選，本書無論在質與量方面都優勝得多。尤其是選文方面之兼顧文化思想、學術、文學理論和文學創作，對中文大學後來所編幾種課本的現代文選部分頗有影響。

（十九）

《大學文選析義》

編者：郭霖沅

出版：東南印務出版社

出版日期：一九七二年三月一日

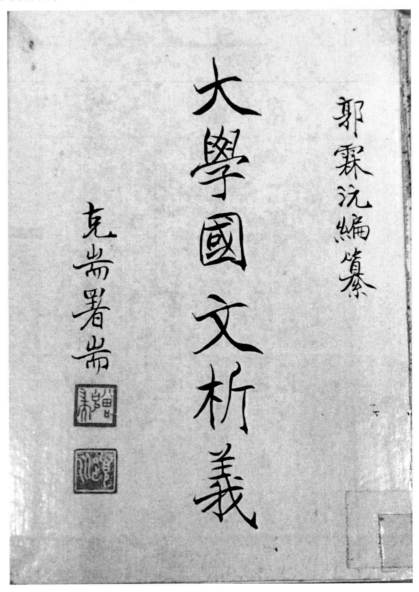

東南印務出版社 1972 年版

大學文選析義例言

一、香港大專國文課本，近年來，各院多自編講授，而所選範圍，包括經，史，諸子，辭賦，詩歌，詞曲，散文等編，苟無提綱挈領之法，刪繁補簡，作扼要淺明之敘述，則讀者每感茫無頭緒，自修殊感不易。本人有見及此，遂將年來所講授之名作，編纂成冊，俾便參考。

二、本書所選內容，參照臺灣部定大學國文，及香港大專學院國文課本，依時代性質先後，分析研究，對於每篇之體裁，題義，要旨，段落大意，做法句解，均逐一作明簡之敘述，文詞淺近，使讀者能以短少時間，而獲明確之瞭解。

三、本書對於每篇作者生平大略，時代背景，及其文學主張，足以表現其思想，及其文學價值者，詳加敘述，其無關宏旨者，概行刪削。

四、本書注釋，參照國文課本外，並依據古今本注解說明之；其比較艱深，或古今版本詮注見解有出入者，均逐一補充之。

五、本書體裁，概用淺白文言或兼用語體敘述，（除引錄原文外），力避艱深，使讀者容易瞭解，間有援引所及，則說明來源，與課本有關參考之書名，亦附記於篇末，俾便參考。

六、本書編者，自維識力有限，倉促付梓，疏漏難免，尚祈大雅君子，弗以淺陋見責，寵而教之，幸甚，幸甚。

目　錄

　　五、莊子
　　　　養生主
　　六、荀子
　　　　天論
　　七、韓非子
　　　　說難（韓非子卷四）
　　八、賈誼
　　　　過秦論（上）（文選）
　　九、司馬遷
　　　　伯夷列傳（史記）
　　十、楊惲
　　　　報孫會宗書（前漢書）
　　十一、司馬相如
　　　　長門賦（文選）
　　十二、范曄
　　　　黃憲傳（後漢書）
　　十三、陶潛
　　　　歸去來辭
　　十四、杜甫
　　　　石壕吏
　　十五、周邦彥
　　　　六醜　落花（薔薇謝後作）
　　十六、朱熹
　　　　中庸章句序
　　十七、曾國藩
　　　　歐陽生文集序
　　十八、赫胥黎著　嚴復譯
　　　　天演論（察變）

　本書選文甚少，雖曰簡省而未必得要。

（二十）

《大學一年級國文教材》
編者：崇基學院中文系
編印日期：一九七二年
（案：此乃供校內使用之手抄油印本）

前　言

　　一年級國文，是各系一年級同學的共同必修科。以往國內大學，分別用過不少教本，本校歷年課程內容，亦屢有改換。現今的教材，是經過一個時期觀察試驗，盡量配合目前需要編訂的。

　　對一般同學來說，這可能是最後修習中文的一年，他們需要用中文，卻並非專攻中文。我們確定教學目標，就首先注意此點。至於對主修及副修的同學，大一國文當然還要負起打好基礎的任務。

　　過去對於大一國文的教學目的，往往陳義過高，其實在中學六年，每週六至八節國文課裏辦不到的，要在一年二十餘週、每週三節的大一國文裏解決所有問題，是不可能的事。我們認為，好文章不難選，難在能夠切合同學的實際程度和需要。因此，當前的任務，在於瞭解一個中學畢業生在中文方面，所缺乏的是什麼，他們以後在進修和應用方面，所最需要的又是什麼。

　　在中學六年國文課裏，古書讀得不少，課文亦不可謂不高深。但今天一般中學畢業生，對於中國語言文化，並沒有系統的瞭解，用中文寫作，也還不如理想，而能夠寫通暢文章，應該是大學生的基本修養。所以，加強語文教學，是目前首要之務。不過作為一個大學生，要掌握語文運用，當然還要瞭解這個語文的文化背景，並且能夠欣賞用這個語言寫作的文學作品。這些，我們都必須顧及。

　　我們採用單元教學，以時間關係，每個單元只能作適量的導引介紹，大部分要求同學自行思考閱讀，所選教材，只要適合實際程度，盡可能兼收今古，古典作品，無論對瞭解文化背景和欣賞文學，仍然不可缺少。至於同學寫作，當然以實用的語體為主，所以現代作品所佔比例，相當的大，其中「翻譯文學」這個單元，為以前大一國文課程所無。本來，翻譯習慣上附於外文課，不過中文翻譯，既涉及中文的運用，而且在中西文化交匯之地，日形重

要，我們把它加進課程裏，原希望同學對翻譯時所用的中文，有進一步的認
識，應用起來，不無裨益。

　　最後，我們要指出，學生程度，社會環境，和實際需要，都無時不在變
動。這個課程，是我們試驗的結果。至於如何去改進，以適應將來更切實的
需要，還希望各方面的指導和協助。

目　錄

　　（乙）孟子論性：孟子六章
　　（丙）參考資料
　　　　（1）馮友蘭：孟子（節錄）
　　　　（2）荀子性惡篇（節錄）

第三單元：道家思想

　　（一）老子：老子七章
　　（二）莊子：養生主篇
　　　　　　　秋水篇（節錄）
　　　參考資料・陳鼓應「莊子思想的性質」

第四單元：史傳文學

　　　　（1）史記萬石張叔列傳（節錄）
　　　　（2）三國志諸葛亮傳
　　　　（3）後漢書逸民傳（節錄）
　　　　（4）章太炎：鄒容傳
　　　　（5）齊白石：白石老人自述（從識字到上學）

第五單元：論說文學

　　　　（1）韓非子難一（節錄）
　　　　（2）呂氏春秋察傳
　　　　（3）戰國策：觸龍說趙太后
　　　　（4）杜恕：論政
　　　　（5）劉劭：英雄
　　　　（6）黃宗羲：原君
　　　　（7）錢鍾書：論文人
　　　　（8）中華全國文藝界抗敵協會宣言

第六單元：寫景文學

　　　　（1）酈道元：水經注兩節（江水、漸江水）
　　　附錄：郁達夫：諸暨五泄
　　　　（2）楊衒之：洛陽伽藍記四節（永寧寺、瑤光寺、景林寺、景明寺）
　　　　（3）蕭乾：永遠滾流著——流入那個大合奏

第七單元：序記文學

    （1）柳宗元：愚溪詩序

    （2）鄭板橋：文昌祠記

    （3）龔自珍：病梅館記

    （4）魯迅：臘葉

第八單元：應用文（以書簡為主）

  （一）導論

  （二）小簡

    （1）曹操：與荀彧悼郭嘉

    （2）諸葛亮：誡子

    （3）蘇軾：與李公擇

    （4）顧炎武：與王虹友

    （5）吳錫麒：與項秋子

            束奚鐵生

    （6）魯迅：復臺靜農

第九單元：翻譯文學

  （一）經典翻譯

    （甲）佛典

      （1）維摩詰經（問疾品第五）：兼用鳩摩羅什及玄奘譯本

      （2）法華經（藥草喻品第五）：鳩摩羅什譯

      （3）華嚴經（十迴向品第二十五）：實義難陀譯

    （乙）新約

      （1）太初有道

      （2）山中寶訓

    兼用吳經熊、思高聖經學會及基督教譯本

  （二）翻譯理論

    林語堂：論翻譯

  （三）歐西文學翻譯舉隅

    （1）嚴復譯：赫胥黎「天演論」（群治）

    （2）林紓譯：蘭姆著「吟邊燕語」（鬼詔）

（3）莎士比亞：「哈姆雷特」（節錄）

　　兼用朱生豪、卞之琳、梁實秋譯本

（4）拜倫：「哀希臘」（選三節）

　　兼用蘇曼殊、馬君武、梁啓超譯本

（5）馮至譯：德‧里爾克《給一個青年詩人的十封信》

（6）魯迅譯：俄‧果戈理《死魂靈》

（7）梁遇春譯：英‧康拉德《吉姆爺》

（8）傅雷譯：法‧羅曼羅蘭《約翰克里斯朵夫》

第十單元：詩歌

（一）愛情詩

（1）詩經：靜女（邶風）

（2）楚辭：山鬼

（3）樂府：上邪　子夜歌六首

（4）李商隱：無題二首（「來是空言」、「颯颯東風」）

（5）晏幾道：蝶戀花（醉別西樓）

（6）李清照：鳳凰臺上憶吹簫（香冷金猊）

（7）清無名氏輯：北京小曲鈔（選五首）

（8）何其芳：夢後

（9）戴望舒：贈內

（二）抒情詩

（1）詩經：碩鼠（魏風）

（2）陳琳：飲馬長城窟行

（3）杜甫：新婚別

（4）白居易：秦中吟（輕肥）

（5）張養浩：山坡羊（潼關懷古）

（6）張可久：賣花聲（懷古）

（7）臧克家：發熱的只有槍筒子

（8）馮至：十四行詩（之六）

（三）賞鑒詩

（1）曹植：雜詩（僕夫早嚴駕）

（2）杜甫：聞官軍收河南河北

（3）陸游：十一月四日風雨大作

（4）劉克莊：賀新郎（送陳眞州子華）

（5）聞一多：一個觀念

（6）艾青：我愛這土地

（四）寫景詩

（1）陶潛：和郭主簿（藹藹堂前林）

（2）謝朓：遊東田

（3）王維：過香積寺

（4）蘇軾：有美堂暴雨

（5）辛棄疾：西江月（夜行黃沙道中）

（6）陳夢家：西山

（7）鄭敏：冬日下午

第十一單元：小說

（1）陳鴻：長恨歌傳

附錄：白居易：長恨歌

（2）吳敬梓：范進中舉（節錄儒林外史第三回）

（3）五種描寫人物的手法舉例

（4）環境的描寫舉例

附編：文學評論

（1）朱東潤：文學與人生

（2）梁實秋：文學是有階級性的嗎

（3）魯迅：「硬譯」與「文學的階級性」

（4）論情與景

甲、王夫之：薑齋詩話

乙、樊志厚：人間詞乙稿序

丙、朱光潛：宇宙的人情化

丁、臧克家：古典詩歌中的自然景物描寫

本書選材頗有新意，評論詳見本書第一章頁十一至十三。

（廿一）

《大學國文講義》

編者：香港中文大學中國語言文學系

出版：香港中文大學

出版日期：一九七三年

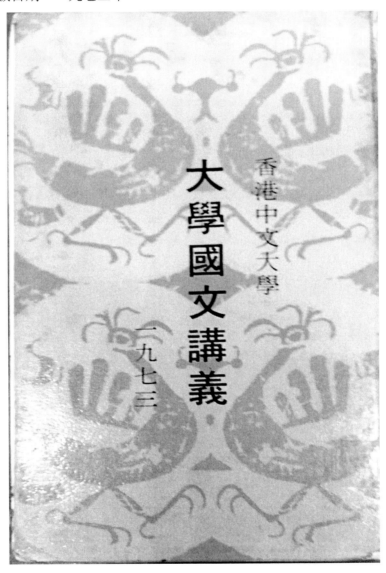

香港中文大學 1973 年版

目　錄

（二五）徐志摩：自剖

（二六）楊朔：香山紅葉

六、詩詞

（二七）陶潛：讀山海經（孟夏草木長）

（二八）李白：廬山謠

（二九）杜甫：詠懷古蹟（五首）

（三〇）周邦彥：蘭陵王（柳陰直）

（三一）李清照：聲聲慢

（三二）辛棄疾：摸魚兒（更能消幾番風雨）

（三三）聞一多：一個觀念

（三四）戴望舒：贈內

七、小說戲劇

（三五）金聖歎：水滸傳序

（三六）蒲松齡：促織

（三七）魯迅：祝福

（三八）康進之：李逵負荊

（三九）曹禺：正在想

八、文學理論

（四〇）劉勰：情采

（四一）蘇軾：答謝民師推官書

（四二）宗白華：論世說新語和晉人的美

（四三）梁宗岱：李白與歌德

（四四）朱光潛：文藝與道德（節錄）

（四五）茅盾：創作問題漫談

（四六）臧克家：學詩斷想

九、翻譯文學

（四七）嚴復：譯天演論例言

（四八）林語堂：論翻譯（節錄）

（四九）拜倫《哀希臘》譯文四種

十、科技文

（五〇）徐光啓：幾何原本雜議

（五一）丁文江：重印天工開物卷跋

（五二）錢偉長：水利工程

附錄一

（五三）羅庸：儒家的根本精神

（五四）陳鼓應：莊子思想的評價

（五五）梁啓雄：韓非的主要思想及其學術根源

（五六）南懷瑾：六祖生平與禪宗幾則懸案

附錄二

（五七）陳剛：怎樣查字典

（五八）傅東華：漢字的現在和將來（節錄）

（五九）王偉俠：應用文的種類

　　在七十年代開始，香港中文大學所編的國文教科書都選入不少現代漢語
文學作品和學術論文。本書的編輯是在參考了前書（見本章第二十節）的得
失而成的，主要在大量刪減了翻譯文學和詩詞部分。又增加了「科技文」的
單元，以配合理學院學生的教學。本書附錄一所選的四篇論文，分別配合「哲
理文」單元的五篇古代思想家的文章。附錄二是一些語文應用的知識，這個
部分日後漸次擴大成爲專書，反映了教學重點的演進。

（廿二）

《大學國文選》上下冊

編者：中國文化學院

出版：華岡出版部（臺北）

出版日期：一九七四年八月

上冊目錄

　　　　　念奴嬌（赤壁懷古）（蘇軾）

　　三、自序（汪中）

　　　　附：自序（劉峻）

　　四、祭孫公文（章炳麟）

　　　　附：祭孔子文（錢基博）

叁　詩

　　一、氓（詩經·衛風）

　　　　附：蒹葭（詩經·秦風）

　　二、贈白馬王彪（曹植）

　　　　附：雜詩六首（曹植）

　　三、夢遊天姥吟留別（李白）

　　　　附：宣城謝朓樓餞別校書叔雲（李白）

　　四、詠懷古蹟五首（杜甫）

　　　　附：恨別（杜甫）

　　　　　　登高（杜甫）

　　　　　　蜀相（杜甫）

肆　說明文

　　一、牧民（管子）

　　　　附：管仲論（蘇洵）

　　二、定法（韓非）

　　　　附：內外儲說（選）（韓非）

　　三、說文解字敘（許慎）

　　　　附：說文解字注後敘（江沅）

　　四、論進取與冒險（梁啓超）

　　　　附：請進取疏（史可法）

伍　議論文

　　一、天論（荀子）

　　　　附：天論上中下（劉禹錫）

　　二、原道（韓愈）

下冊目錄

附：屈原列傳（史記）

二、祭歐陽文忠公文（王安石）

附：蘇軾祭歐陽文忠公文（蘇軾）

叁　詞曲

一、詞六闋

江城子（秦觀）

踏莎行（秦觀）

蘭陵王（周邦彥）

西河（周邦彥）

賀新郎（辛棄疾）

桃源憶故人（陸游）

二、北曲小令八闋

四塊玉（關漢卿）

天淨沙（馬致遠）

落梅風（馬致遠）

沉醉東風（白樸）

一半兒（胡祗遹）

折桂令（盧摯）

水仙子（喬吉）

紅繡鞋（張可久）

三、南曲小令六闋

傍妝臺（王九思）

醉羅歌（張鍊）

駐馬聽（楊慎）

駐雲飛（陳鐸）

玉抱肚（梁辰魚）

二犯桂枝香（無名氏）

附：北曲套數中秋月（朱庭玉）

南曲套數秋懷（高明）

肆　說明文

一、謀攻（孫子）

　　附：始計（節）（孫子）

二、儒行（禮記）

　　附：儒效（荀子）

三、二體（史通）

　　附：鎔裁（文心雕龍）

四、西銘（張載）

　　附：東銘（張載）

　　　　四箴（程頤）

伍　議論文

一、秋水（莊子）

　　附：寓言（莊子）

　　　　天下（節）（莊子）

二、兼愛（上篇）（墨子）

　　附：非攻（上篇）（墨子）

三、論東漢風俗（資治通鑑）

　　附：後漢三賢贊（韓愈）

四、原君（黃宗羲）

　　附：原法（黃宗羲）

五、三習一弊疏（孫嘉淦）

　　附：奉天請罷瓊林大盈二庫狀（陸贄）

六、文學改良芻議（胡適）

　　附：天演論譯例言（嚴復）

陸　應用文

一、報任安書（司馬遷）

　　附：答蘇武書（李陵）

二、答韋中立論師道書（柳宗元）

　　附：與徐給事論文書（柳冕）

　　本書以敘事、抒情、說明、議論等畫分單元，可見其欲使學生掌握作文之法。可惜未選現代文章，對訓練語體文寫作終有局限。又是書於一篇之後附列有關篇章，例如《長恨歌傳》附《長恨歌》，可收互相發明之效。

（廿三）

《大學國文選》
編者：國文教學研究會
出版：幼獅文化事業公司
出版日期：一九七四年七月

編輯例言

一、本書篇目，係就往古聖哲暨故總統蔣公之著述中，選取其足以表章中國文化、及其民族精神、鼓舞人性情操之代表作品，而爲大專院校國文教材所最常用者編輯之。

二、各篇原文，均錄自名刻善本；其有僞文錯簡者，則廣徵其他版本或爲世所公認之有力校勘加以訂正。其段落及標點，亦分別作精審之釐定。

三、爲提高學者研讀速率及瞭解力，並顧及教者翻閱工具書籍之麻煩，與剌錄筆札板書之費時，特於每課之後備列題解、作者、注釋、結構、批評等欄，不厭求詳。俾教者既可節省檢抄之勞，學者亦能切實預習，而收自學輔導之效。其各欄要點如下：

甲、題解——敍述題目之出處、史實、體裁之由來、特質以及本文之涵義與夫重要之所在。其於古今學術思想有關者，亦爲考辨説明，示其淵源之有自。

乙、作者——介紹作者生平、學詣、著述、作風及其流派、影響等。其生卒年壽、師承、經歷等，習説有誤謬者，亦據正史，更旁稽譜誌及各家考證，予以辨證。

以上兩欄之敍介，較一般教本爲翔實，旨在僅供教者之參考及好學深思之讀者之深研，不必求諸一般學者完全記憶。教者可擇要指點，無庸全盤詳解。

丙、注釋——詳釋生字、難詞之本義、借義、引申義及成語、典故之出處、譬喻與人、地名、年號暨事實之須加説明者。

丁、結構——包括文體、主旨、段落三者：

（一）文體　就新文體分類與舊文體作比較説明。新文體依部頒高中國文課程標準所列論説、抒情、記敍、應用四文爲大歸，舊文體則依姚鼐《古文辭類纂》及曾國藩《經史百家雜鈔》之分類，歸納爲三門十五類，分別標

明，俾可明瞭各體之同異及變例。三門十五類之名稱如左表：

分　門	別　　　　　類				
著述門	論辨類	箴銘類	頌贊類	辭賦類	序跋類
告語門	詔令類	奏議類	書說類	贈序類	哀祭類
記載門	傳狀類	碑誌類	雜記類	敘記類	典志類

　　（二）主旨　即文之中心思想，亦稱主題。其作用在代表題意，決定內容，亦所以領導全文，揭櫫而出，則可明瞭作者構思之意向及其行文之章法。

　　（三）段落　各篇文章段落之多寡長短不一，分別標舉，則義脈分明，體系清楚。各段內容繁複者，並分若干小節述之，俾便讀者易於揣摩，於實際寫作時，知其應如何造意謀篇。

　　戊、批評——評論全文特色，提示作者匠心：或申述事類相互關係，俾學者得以體認其價值，廣明其義理，藉以培養其文藝批評之能力及欣賞之興趣。

　　有若干篇目，除上列各欄外，更有殿以「討論」者，提出題解中之主要知識及課文內容可資究心或特須注意之處，暗示預習要點，指導讀後寫作，並啟發其自動研究之精神。

　　四、本書所選範文，包括「群經」、「諸子」、「雜史」、「辭賦」、「駢散」各方面之重要名作，合為一編。而附以樂府選、古詩選、絕律選、詞曲選、戲劇選，將各種特色文學擇優舉隅，期能集文、筆之精英於一覽，作為大學國文科全部教學之用。俾學者得以窺知中國文學之根深葉茂，進而認識華夏文化之源遠流長。

　　五、本書選文較實授之篇數約多出一倍以上，所以便利各院校依其需要而擇取之。每學期決定若干篇為共同必讀教材，其他由教者按照各系科性質之異同及學者水平之高下，留有自由選授及指定課外研讀之餘地。

　　六、本書各篇之編次，大體先依性質，再循年代。

　　七、本書各篇目，初於民國五十七年六月經大專院校國文教學研討會國文教材編輯委員會再三研商及提供資料，推請李曰剛教授作通盤安排，分別注述，而後印行。截至六十二年十月凡發行八版之多。嗣於今年二月間再度集會，研議修訂。決定印製修訂意見調查表五百份，普遍徵詢各公私大專院校國文教授提供意見，匯總統計而後，仍推請李教授從事改編。其原則：凡於所列篇目，主張「必須保留」而人數在百分之八十以上者，盡量予以訂正

保留：主張「必須刪除」而人數在百分之二十以上者，或不及此數而基於時會需求及教程配當，則一律予以刪除，另換其他新篇目，而亦什九爲大家所建議者。

八、本書之裝訂，爲求適應各方不同之情境，凡分三種本式：一爲全才本，凡有駢散範文七十篇，各體韻文選五篇；二爲博習本，但有駢散範文七十篇，各體韻文選單行；三爲精簡本，但有駢散範文四十篇，各體韻文選亦單行。何當採用，請唯其便。

九、本書出版倉促，疏漏必多，尚祈博雅君子不吝珠玉，有所諟正，俾便再版時修改，無任感幸。

大專院校國文教學研討會謹識
中華民國六十三年七月

目　錄

秋日登洪府滕王閣餞別序（王勃）

爲徐敬業以武后臨朝移諸郡縣檄（駱賓王）

大唐中興頌並序（元結）

進學解（韓愈）

答韋中立論師道書（柳宗元）

瀧岡阡表（歐陽修）

祭歐陽文忠公文（王安石）

　　　（附）祭歐陽文忠公文（蘇軾）

六國論（蘇洵）

　　　（附）六國論（蘇轍）

潮州韓文公廟碑（蘇軾）

西銘（張載）

請立志以成中興書（李綱）

項脊軒志（歸有光）

西湖雜記（袁宏道）

請頒討賊詔書疏（史可法）

諭子書（楊繼盛）

　　　（附）朱柏廬治家格言（朱熹）

原君（黃宗羲）

日知錄序（潘耒）

鳴機夜課圖記（蔣士銓）

聖哲畫像記（曾國藩）

民報發刊詞（孫文）

　　　（附）民報週年紀念祝詞

論進取冒險（梁啓超）

國父百年誕辰紀念文（蔣中正）

創造新時代的大事業（蔣經國）

　　本書仍由李曰剛主編（見本章第十七節），體制與李書相若，而所選文章則由國文教學研究會集體選出，選文較李書精要，然於近代人文章仍然只選孫文、梁啓超、蔣中正及蔣經國四人之作。不選現代文學作品，乃臺灣所編大學國文教科書之通病。

（廿四）

《大學國文》上下冊

編者：臺灣大學中國文學系

出版：聯經出版事業公司

出版日期：一九七五年九月

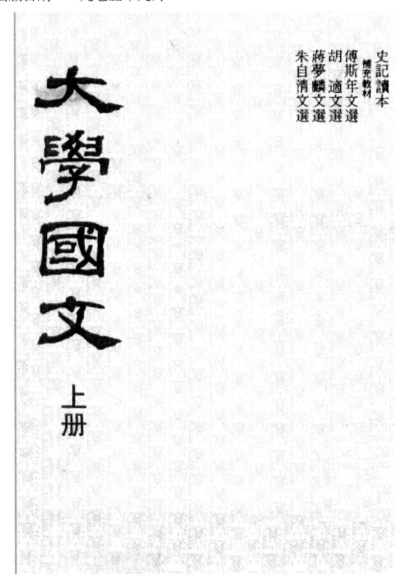

聯經出版事業公司 1975 年版

例　言

　　甲、本校大一國文，以增進學生語文能力為宗旨。教材之選取，散文為主，以期易於吸收。上下學期分別以史記選與散文選為講授教材；韻文僅選短篇之詩詞及曲。並選錄語體及文言補充教材，分上下學期，由學生自行研讀。

　　乙、為求教學之便，選文酌加注釋。

　　丙、注釋以簡要為原則，其例約略如下：

　　　　一、凡有通行之古注（如左傳杜預注、史記三家注、漢書顏師古注等），而無疑義，或檢之普通辭書即可得解者，不加注。

　　　　二、凡古注已詳，而世有異說其義為長者，加注。

　　　　三、凡古注已詳，而為教學必須引錄者，加注。

　　　　四、凡古注未詳，而今難明者，加注。

　　　　五、凡事典以加注為原則，文典以不加注為原則。

　　　　六、凡字音易滋誤讀者，加注國音。

目　錄

散文選

十四　東方朔傳（班固）

十五　論盛孝章書（孔融）

十六　養生論（嵇康）

十七　蘭亭集序（王羲之）

十八　王粲傳（陳壽）

十九　黃憲傳（范曄）

二十　范滂傳（范曄）

二十一　世說新語　東床坦腹　陶侃賢母（劉義慶）

二十二　答謝中書書（陶弘景）

二十三　水經漸江水注　其一　其二（酈道元）

二十四　洛陽伽藍記　景林寺　法雲寺（楊衒之）

二十五　雜說四（韓愈）

二十六　送董邵南遊河北序（韓愈）

二十七　柳子厚墓誌銘（韓愈）

二十八　遊黃溪記（柳宗元）

二十九　至小丘西小石潭記（柳宗元）

三十　袁家渴記（柳宗元）

三十一　南柯太守傳（李公佐）

三十二　李娃傳（白行簡）

三十三　虬髯客傳（杜光庭）

三十四　赤壁之戰（司馬光）

三十五　醉翁亭記（歐陽修）

三十六　送徐無黨南歸序（歐陽修）

三十七　論養士（蘇軾）

三十八　答李端叔書（蘇軾）

三十九　記承天夜遊（蘇軾）

四十　晚遊六橋待月記（袁宏道）

四十一　馬伶傳（侯方域）

四十二　答沈大宗伯論詩書（袁枚）

詩選

　　一　孤兒行

二　名都篇（曹植）

三　詠懷　其一　其三十八（阮籍）

四　詠史（左思）

五　歸田園居（陶淵明）

六　飲酒（陶淵明）

七　終南別業（王維）

八　山居秋暝（王維）

九　將進酒（李白）

十　聞王昌齡左遷龍標遙有此寄（李白）

十一　哀江頭（杜甫）

十二　曲江（杜甫）

詞選

一　更漏子（溫庭筠）

二　鵲踏枝（馮延巳）

三　清平樂（李煜）

四　雨霖鈴（柳永）

五　定風波（蘇軾）

六　一翦梅（李清照）

七　玉樓春（周邦彥）

八　木蘭花慢（辛棄疾）

九　虞美人（蔣捷）

曲選

一　沉醉東風（盧摯）

二　山坡羊（張養浩）

三　塞鴻秋（張可久）

四　折桂令（徐再思）

五　鸚鵡曲（白賁）

六　山坡羊（喬吉）

傅斯年文選

國立臺灣大學第四次校慶演說詞

中國學校制度之批評

自知與終身之事業

我所認識的丁文江先生

胡適文選

文學改良芻議

中國思想史綱要

國學季刊發刊宣言

考據學的責任與方法

諸子不出於王官論

司馬遷替商人辯護

日本霸權的衰落與太平洋的國際

「無不納悶，都有些傷心」

敬告日本國民

容忍與自由

林肯一百五十年的生日紀念

讀書

書院制史略

記美國醫學教育與大學教育的改造者弗勒斯納先生

《崔東壁遺書》序

《梁任公先生年譜長編初稿》序

《傅孟眞先生譯著》序

介紹一本最值得讀的自傳

波士頓遊記

先母行略

追悼志摩

蔣夢麟文選

談中國文化

社會組織和社會進步

急劇變化

美國華埠

童年教育

家庭影響

朱自清文選

背影

給亡婦

綠

荷塘月色

兒女

山野綴拾

阿河

別

沉默

匆匆

一封信

歌聲

月朦朧，鳥朦朧，簾卷海棠紅

白水漈

槳聲燈影裏的秦淮河

憶跋

說夢

「好」與「妙」

海行雜記

看花

回來雜記

房東太太

博物院

公園

三家書店

文人宅

威尼斯

羅馬

瑞士

巴黎

理想的白話文

《史記菁華錄》讀法指導大概

《唐詩三百首》讀法指導大概

《胡適文選》讀法指導大概

《我所知道的康橋》讀法指導

史記讀本

項羽本紀（史記七）

伯夷列傳（史記六十一）

管晏列傳（史記六十二）

商君鞅列傳（史記六十八）

孟嘗君列傳（史記七十五）

信陵君列傳（史記七十七）

樂毅列傳（史記八十）

廉頗藺相如列傳（史記八十一）

屈原列傳（史記八十四）

刺客列傳（史記八十六）

淮陰侯列傳（史記九十二）

韓長孺列傳（史記一百八）

李將軍列傳（史記一百九）

滑稽列傳（史記一百二十六）

太史公自序（史記一百三十）

曾國藩家書

致諸弟（勿屈於小試、大學之綱領、應用日課冊）

致諸弟（述修業以衛身）

致諸弟（講讀經史之法及求師友之注意點）

致六弟（學詩習字之法）

致諸弟（述濟戚族之故）

致諸弟（須立志猛進）

致諸弟（戒勿恃才傲物）

致諸弟（看書須有恆）

致諸弟（勸除牢騷及論邑中勸捐事）

致九弟（注意綜理密微）

致諸弟（宜注重勤敬和更宜注意清潔戒怠惰）

致四弟（看書不必一一求熟）

致九弟（宜全神注陸路）

致九弟（戒浪戰）

致九弟（述無恒的弊病及帶勇之法）

致九弟（待人注意眞意與文飭順便周濟百姓）

致九弟（論長傲多言爲凶德致敗者）

致九弟（宜以求才爲急）

致四季弟（注重種蔬養魚豬等事）

致四弟（治家八字訣）

致九弟季弟（以勤字報君以愛民二字報親）

致九弟季弟（戒傲惰二字）

致四弟（教去驕惰）

致四弟（戒不輕非笑人）

致四弟（教子弟以三不信及八本）

致九弟（論人力與天事）

致九弟（宜多選好替手）

致九弟季弟（注意清愼勤）

致九弟季弟（剛柔互用）

致九弟（望勿各逞己見注意外間指謫）

致四弟（對本縣父母官之態度）

致九弟（述彼此意趣之不同）

致九弟（論恬淡沖融之襟懷）

致九弟（當大事宜明強）

致九弟（在積勞二字上著力）

致四弟（注意儉字）

致四弟（勤儉首要）

致四弟（述養身五事）

致九弟（宜在自修處求強）

致四弟（送銀共患難者及述星岡公之家規）

致九弟（一悔字訣）

致九弟（必須逆來順受）

致四弟九弟（述爲學四要）

諭紀鴻（勤儉自持習勞習苦）

諭紀澤（讀書寫字作文做人之道）

諭紀澤（讀書宜虛心涵詠切己體察）

諭紀澤（讀書宜知所選擇）

諭紀澤（作文須珠圓玉潤）

諭紀澤紀鴻（謂讀書可以變化氣質）

諭紀澤（當作書教誡袁婿）

諭紀鴻（以謙敬二事爲主）

諭紀澤（知節嗇戒惱怒）

諭紀鴻（學字須用困知勉行工夫）

諭紀澤紀鴻（體會八德中之渾字與勤字）

諭紀澤紀鴻（宜從古文上用功）

諭紀澤（讀古文古詩當認貌觀神）

諭紀澤（不宜妄生意氣）

諭紀澤紀鴻（示備不虞附二詩四課）

蔡元培文選

世界觀與人生觀

文明之消化

合群

捨己爲群

文明與奢侈

理信與迷信

循理與畏威

堅忍與頑固

自由與放縱

鎮定與冷淡

熱心與野心

英銳與浮躁

果敢與鹵莽

精細與多疑

尚潔與太潔

互助與依賴

愛情與淫欲

方正與拘泥

謹慎與畏葸

有恆與保守

圖書

詩歌

歷史

建築

在上海愛國女學校之演說

在北京通俗教育研究會演說詞

就任北京大學校長之演說詞

在信教自由會之演說

在清華學校高等科演說詞

以美育代宗教說

新教育與舊教育之岐點

北京大學民國七年開學式之演說詞

科學與修養

在蘇州中學講詞

哲學與科學

論大學應設各科研究所之理由

祭黃夫人文

祭孫中山先生文

祭孫中山先生聯

致公言報並答林琴南書

北京大學月刊發刊詞

梁啟超文選

少年中國說

論小說與群治之關係

暗殺之罪惡

成敗

文野三界之別

英雄與時勢

近因遠因之說

養心語錄

自助論

偉人訥耳遜軼事

放棄自由之罪

憂國與愛國

動物談

惟心

慧觀

無名之英雄

煙士披里純

世界外之世界

輿論之母與輿論之僕

不悅學之弊

雪浪和尚語錄二則

好修

論新民為今日中國第一急務

釋新民之義

論公德

論國家思想

論權利思想

論自由

　　論自治

　　論自尊

　　論毅力

　　論尚武

　　不健全之愛國論

　　王荊公之用人及交友

王國維文選

　　沈乙庵先生七十壽序

　　紅樓夢評論

　　論新學語之輸入

　　論哲學家與美術家之天職

　　文學與教育

　　人間嗜好之研究

　　文集自序（一）

　　文集自序（二）

　　古雅之在美學上之地位

　　文學小言

　　屈子文學之精神

　　譯本琵琶記序

　　教育小言十則

　　最近二三十年中國新發現之學問

　　宋元戲曲考自序

　　元劇之文章

　　人間詞話卷上（節）

　　人間詞話卷下（節）

　　人間詞話附錄（節）

　　本書最大特色，在於除傳統所編之散文選詩詞曲選之外，另編專書《史記讀本》，又編「補充教材」，大量選錄清末民初之曾國藩、王國維、傅斯年、梁啓超、蔡元培、胡適、朱自清等人的作品，庶可免去一般選本淺嘗即止、掛一漏萬之弊，而使學者對某一名家之學術文藝有較深入的認識。若有可議之處，則在文學家只有朱自清一人。如多選當代作家則更佳。

（廿五）

《國立政治大學國文選》（增訂本）

編者：國立政治大學中國文學系

出版：正中書局

出版日期：一九七六年（案：所見之版本為臺灣增訂本，是則此書初版
當在四十年代）

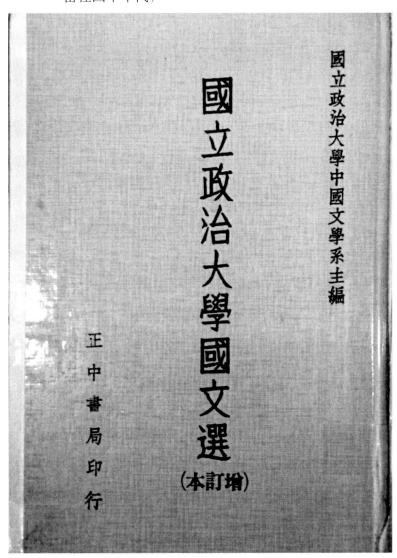

正中書局 1976 年版

國立政治大學國文選目錄

一、三習一弊疏（孫嘉淦）

二、登泰山記（姚鼐）

三、與友人荊雪濤書（于成龍）

四、原君（黃宗羲）

五、答監修徐學士書（顧炎武）

六、請頒討賊詔書疏（史可法）

七、訓蒙大意（王守仁）

八、歸氏二孝子傳（歸有光）

九、中書平章政事常遇春追封開平王制（王褘）

十、中山狼傳（馬中錫）

十一、詩詞曲選

    題西湖套曲（馬致遠）

    秋夜讀書每以二鼓盡爲節（陸游）

    夜泊水村（陸游）

    賀新郎（辛棄疾）

    摸魚兒（辛棄疾）

十二、請立志以成中興書（李綱）

十三、稼說贈張琥（蘇軾）

十四、送石昌言北使引（蘇洵）

十五、上五事箚子（王安石）

十六、爲君難論（歐陽修）

十七、論東漢風俗（司馬光）

十八、詩詞選

    蘭陵王（周邦彥）

    西河（周邦彥）

    江城子（秦觀）

    踏莎行（秦觀）

    絕句四首（王昌齡）

    贈衛八處士（杜甫）

    聞官軍收河南河北（杜甫）

    宣城謝朓樓餞別校書叔雲（李白）

    夢遊天姥吟留別（李白）

十九、書何易于（孫樵）

二十、與許京兆孟容書（柳宗元）

二十一、原道（韓愈）

二十二、哀江南賦序（庾信）

二十三、詩選

　　　　飲酒（錄四）（陶淵明）

　　　　七哀詩（錄一）（王粲）

二十四、別賦（江淹）

二十五、神思（劉勰）

二十六、登樓賦（王粲）

二十七、黃憲傳（范曄）

二十八、郭友道碑（蔡邕）

二十九、務本篇（王符）

三十、張騫傳（班固）

三十一、與彭寵書（朱浮）

三十二、言世務書（嚴安）

三十三、貨殖列傳序（司馬遷）

三十四、論貴粟疏（晁錯）

三十五、過秦論（賈誼）

三十六、賜南粤王趙佗書（漢文帝）

三十七、詩經楚辭選

　　　　涉江（屈原）

　　　　哀郢（屈原）

　　　　七月（詩經）

　　　　東山（詩經）

三十八、莊辛說楚襄王（戰國策）

三十九、內外儲說（選）（韓非）

四十、學記（禮記）

四十一、秋水（莊子）

四十二、牧民（管子）

四十三、秦晉殽之戰（左傳）

四十四、秦誓（尚書）

四十五、與湯夫人書（章炳麟）

四十六、蒼霞精舍後軒記（林紓）

四十七、書過善人事（薛福成）

四十八、別弟文（施補華）

四十九、鈔朱子小學書後（曾國藩）

五十、先母鄒孺人靈表（汪中）

五十一、正始（顧炎武）

五十二、徐文長傳（袁宏道）

五十三、畏壘亭記（歸有光）

五十四、送東陽馬生序（宋濂）

五十五、歸樂堂記（朱熹）

五十六、書巢記（陸游）

五十七、戊午上高宗封事（胡銓）

五十八、留侯論（蘇軾）

五十九、戰國策目錄序（曾鞏）

六十、六國論（蘇洵）

六十一、五代史一行傳序（歐陽修）

六十二、送薛存義之任序（柳宗元）

六十三、永州八記（錄三）（柳宗元）

六十四、進學解（韓愈）

六十五、與陳伯之書（丘遲）

六十六、與子儼等疏（陶潛）

六十七、隆中對（諸葛亮）

六十八、論盛孝章書（孔融）

六十九、王貢兩龔鮑傳序（班固）

七十、管晏列傳（司馬遷）

七十一、齊景公問子貢何師（韓嬰）

七十二、弔屈原文（賈誼）

七十三、諫逐客書（李斯）

七十四、去私（呂氏春秋）

七十五、報燕惠王書（樂毅）

此書編次凌亂，所選文章擇焉不精，信非佳構。